Symbols and headings you will find in the book – what do they mean?

Lesen
A reading activity

Hören
A listening activity

Schreiben
A writing activity

Sprechen
A speaking activity

Übersetzen
A translation activity

Kultur
Learn more about the culture of the German-speaking world

Sprachlabor
Grammar and pronunciation practice

Was kann ich schon?
Test what you have learnt

Vorankommen!
Reinforcement and extension activities

Vokabeln
Key vocabulary from the unit

Sprungbrett
Go further with exam-style activities

Grammatik
Grammar reference

Glossar
Glossary

Grammatik
Grammar explanations

Strategie
Strategies for language learning

Sprachmuster
Language patterns

Extra
Extra challenges and tips for extending answers

Kultur
Information on the German-speaking world

Achtung!
Tips on avoiding mistakes

Aussprache
Tips on pronunciation

Tipp
Further hints

Anneli McLachlan
Mariela Affum
Marcus Waltl

Inhalt

Pages 4–7

Die deutschsprachige Welt... 4–5

In der Deutschstunde 6

Wichtige Wörter 7

Unit 1 In Urlaub
Pages 8–29

Los geht's!

1.1 Ferienaktivitäten
- Talking about holiday activities
- Using the infinitive

1.2 Wo hast du deine Ferien verbracht?
- Talking about a past holiday
- Using the perfect tense with *haben*

1.3 #Wanderlust!
- Talking about how you travelled on holiday
- Using the perfect tense with *sein*

1.4 Wie war das Wetter?
- Talking about the weather
- Using the imperfect tense

1.5 Ich reise gern
- Describing a past holiday and giving your opinion
- Using different personal pronouns and verb forms

Kultur
Weihnachtsmärkte

Sprachlabor
Grammar and pronunciation

Was kann ich schon?
Test yourself

Vorankommen!
Extra listening, reading and writing activities

Vokabeln

Unit 2 Mein Zuhause
Pages 30–51

Los geht's!

2.1 Wie ist deine Alltagsroutine?
- Talking about daily routines and household chores
- Using separable verbs in the present tense

2.2 Wie komme ich zu...?
- Saying what there is in town and giving directions
- Using *es gibt* with the accusative case

2.3 Bei uns
- Talking about where you live and where you lived before
- Using the present, perfect and imperfect tenses together

2.4 Mein Schlafzimmer
- Talking about your bedroom
- Using prepositions with the dative case

2.5 Mein zukünftiges Zuhause
- Talking about your future house
- Using the future tense with *werden*

Kultur
Moderne Möbel und das Bauhaus

Sprachlabor
Grammar and pronunciation

Was kann ich schon?
Test yourself

Vorankommen!
Extra listening, reading and writing activities

Vokabeln

Unit 3 Das Alltagsleben
Pages 52–73

Los geht's!

3.1 Meine Alltagsroutine
- Talking about daily routines
- Using reflexive verbs in the present tense

3.2 Willst du woanders zur Schule gehen?
- Talking about daily life in the German-speaking world
- Using sequencers with reflexive and separable verbs

3.3 Wollen wir uns treffen?
- Making plans and excuses
- Using *wollen* + the infinitive

3.4 Projekt: Gesund leben
- Talking about healthy living
- Revising *man soll* and *man muss*

3.5 Wer macht was bei euch?
- Comparing chores in different families
- Revising subordinate clauses with *weil* and *wenn*

Kultur
Deutscher Exportartikel: Fußballtrainer

Sprachlabor
Grammar and pronunciation

Was kann ich schon?
Test yourself

Vorankommen!
Extra listening, reading and writing activities

Vokabeln

2 zwei

Unit 4 Meine Klamotten
Pages 74–95

Los geht's!

4.1 Was trägst du gern?
- Saying what you are wearing and like to wear
- Using verbs with the vowel change 'a' to 'ä' in the present tense

4.2 Wie ist dein Stil?
- Talking about your style
- Using accusative adjective endings

4.3 Wo kaufst du lieber deine Klamotten?
- Talking about your shopping habits
- Using possessive adjectives in the accusative case

4.4 #Shoppen
- Talking about shopping for clothes
- Revising the future tense with werden

4.5 Party!
- Talking about special occasions
- Revising the perfect tense with haben and sein

Kultur
Die Macht der Tracht

Sprachlabor
Grammar and pronunciation

Was kann ich schon?
Test yourself

Vorankommen!
Extra listening, reading and writing activities

Vokabeln

Unit 5 Virtuelle und reelle Welt
Pages 96–117

Los geht's!

5.1 Kino, Kino
- Talking about TV and film
- Using subordinate clauses with weil and da

5.2 Musik liegt in der Luft
- Talking about different types of music
- Using time–manner–place word order

5.3 Sicher im Internet
- Talking about the internet and social media
- Expressing opinions using dass

5.4 Technologie heute und damals
- Talking about technology today and in the past
- Recognising and using the imperfect tense

5.5 Ich engagiere mich
- Talking about volunteering projects
- Revising the use of different tenses

Kultur
Vom Jugendparlament zur Lindenstraße

Sprachlabor
Grammar and pronunciation

Was kann ich schon?
Test yourself

Vorankommen!
Extra listening, reading and writing activities

Vokabeln

Unit 6 Willkommen in Berlin!
Pages 118–127

Los geht's!

6.1 Wollen wir nach Berlin fahren?
- Planning a trip to Berlin
- Revising the future tense with werden

6.2 So leben wir in Berlin!
- Learning about life in Berlin
- Using a range of tenses

Kultur
Ost- und Westberlin

Sprachlabor
Grammar and pronunciation

Was kann ich schon?
Test yourself

Sprungbrett
Pages 128–137

Reading and Writing (Units 1, 3, 5)
.... 128–129; 132–133; 136–137
Listening and Speaking (Units 2, 4)
.... 130–131; 134–135

Pages 138–151

Grammatik 138–143
Glossar 144–151

drei

Die deutschsprachige Welt

Sprichst du Deutsch?

German is the only official language in Germany, Austria and Liechtenstein.

German is also an official language in Switzerland, Belgium and Luxembourg.

German is also spoken in parts of northern Italy.

Berlin is the capital of Germany. The TV tower is Berlin's tallest building, with a 360° view of the city from the revolving restaurant at the top.

The Pied Piper of Hamelin, about a mysterious piper who leads children away from the town of Hamelin, is just one of the many German folk stories published by the Brothers Grimm.

Just south of **Bonn** sits *Drachenfels*, named after a dragon said to once live on this mountain. The castle ruin at the summit looks down over the River Rhine from Cologne to Koblenz.

Stuttgart, home of Porsche and Mercedes-Benz, is an important centre for Germany's successful car manufacturing industry. When Germany was divided into East and West, many East Germans drove a Trabant. Nowadays you can take a guided 'Trabi Safari' around Berlin.

Every year on 14th May, a national day of hiking takes place in Germany. Hiking is the most popular outdoor activity in Germany and hiking clubs have existed since the 1880s!

Pretzels are a popular snack and a symbol of good luck in Germany. Children wear them around their necks on New Year's Day, and in the 16th century, they were used to decorate Christmas trees.

Munich is over 1000 km away from the sea, so surfers there have introduced a new sport: river surfing. For the European River Surfing Championships in 2012, an outdoor artificial wave was built next to the city's airport.

Vienna is known for its elegant coffee houses. They're a great place to try a classic *Apfelstrudel*, washed down with a cream-topped Viennese coffee.

SLOWAKEI

Liechtenstein is one of the smallest countries in the world, with a population of around 39,000 people, nine secondary schools and four railway stations. Situated in the Alps, it's a popular destination for winter sports.

In the farming regions of **Switzerland** and **Austria**, an important festival is 'cattle homecoming', when animals are led from the mountains back down to the valley as summer ends. Cows are decorated with flower crowns. Yodelling and alphorn music are also part of the celebrations.

UNGARN

die Donau

fünf 5

In der Deutschstunde

Instructions

Beantworte...	Answer...	...auf Deutsch.	...in/into German.
Benutz...	Use...	...auf Englisch.	...in/into English.
Beschreib...	Describe...	...das Bild.	...the picture.
Bring ... in die richtige Reihenfolge.	Put ... in the correct order.	...das Kästchen.	...the box.
		...die Buchstaben.	...the letters.
Erfinde...	Invent...	...die Frage.	...the question.
Finde...	Find...	...die Lücken.	...the gaps.
Füll ... aus.	Fill in/Complete...	...die Paare.	...the pairs.
Gib...	Give...	...die passenden Bilder.	...the matching images.
Hör zu.	Listen.	...die richtige Antwort.	...the correct answer.
Korrigiere...	Correct...	...die Rollen.	...roles.
Lies...	Read...	...die Sätze.	...the sentences.
Macht...	Make/Do...	...die Wörter.	...the words.
Notiere...	Make a note of...	...ein Interview.	...an interview.
Schreib...	Write...	...ein Rollenspiel.	...a roleplay.
Schreib ... ab.	Copy...	...einen Artikel über...	...an article about...
Sprich...	Speak/Talk...	...einen Blogeintrag.	...a blog post.
Such...	Look for...	...einen Dialog.	...a conversation.
Tauscht...	Swap...	...einen Paragrafen.	...a paragraph.
Übersetz...	Translate...	...einen Text.	...a text.
Verbinde...	Link...	...etwas über...	...something about...
Wähl...	Choose...	...folgende Details.	...the following details.
Wiederhole...	Repeat...	...Informationen über...	...information about...

Wichtige Wörter

Larger numbers

einhundert	one hundred
zweihundert	two hundred
dreihundert	three hundred
vierhundert	four hundred
fünfhundert	five hundred
eintausend	one thousand
Hunderte	hundreds
Tausende	thousands
eine Million	one million
eine Milliarde	one billion
Millionen	millions
Milliarde	billions

Seasons

(im) Frühling	(in) spring
(im) Sommer	(in) summer
(im) Herbst	(in) autumn
(im) Winter	(in) winter

Sequencers

danach	afterwards
dann	then
später	later
zuerst	first of all

Describing an image

Es gibt…	There is/are…
im Bild	in the image
im Foto	in the photo
im Hintergrund	in the foreground
im Vordergrund	in the background
links	on the left
rechts	on the right
man sieht	you/we see
ich sehe	I see

Expressing opinions and preferences

Ich mag…	I like…
Ich mag (gar) nicht…	I don't like… (at all)
Das finde ich…	I find it…
Es hat mir gut gefallen.	I liked it.
…interessiert mich.	…interests me.
Ich sehe/gehe/trage (nicht) gern…	I (don't) like watching/going/wearing…
Ich sehe/gehe/trage lieber…	I prefer watching/going/wearing…
Am liebsten sehe/gehe/trage ich…	I like watching/going/wearing … most of all.

Intensifiers

besonders	especially
echt	truly, really
ein bisschen	a little
ganz	completely
gar nicht	not at all
nicht so	not very
richtig	really
sehr	very
total	totally, really
voll	totally
völlig	completely
ziemlich	quite
zu	too

Conjunctions

aber	but
da	as, because
denn	because
oder	or
und	and
weil	because
wenn	when/if

Past, present and future

gestern	yesterday
gestern Abend	last night
letzten Monat	last month
vor zwei Wochen	two weeks ago
letztes Jahr	last year
vor zwei Jahren	two years ago
früher	before, in the past
heute	today
jetzt	now
morgen	tomorrow
am kommenden Montag	next Monday
nächste Woche	next week
nächsten Sommer	next summer
in der Zukunft	in the future

More frequency words

immer	always
jeden Tag	every day
jede Woche	every week
manchmal	sometimes
nie	never
oft	often
selten	rarely

sieben 7

1 In Urlaub
Los geht's!

1 Hier sind einige Feiertage (*holidays*) in Deutschland, in der Schweiz und in Österreich. Welche Feiertage sieht man auf den Fotos?

Januar	der erste Januar: **Neujahrstag**
	der sechste Januar: **Heilige Drei Könige**
Februar	der vierzehnte Februar: **Valentinstag**
Mai	der erste Mai: **Tag der Arbeit**
August	der erste August: **Schweizer Nationalfeiertag**
Oktober	der dritte Oktober: **Tag der Deutschen Einheit**
Dezember	der fünfundzwanzigste Dezember: **Weihnachten**
	der einunddreißigste Dezember: **Silvester**

2 Translate the holidays in activity 1 into English.

Example: Neujahrstag – New Year's Day

3 Was sind die Lieblingsreiseziele der Deutschen? Verbinde die Länder auf der Karte (1–7) mit den Ländernamen (a–g).

Sprachmuster

The word *Lieblingsreiseziele* is a good example of how you can put words together in German to make compound nouns:

- *Lieblings* = favourite
- *Reise* = travel/journey
- *Ziele* = destinations
- *Lieblingsreiseziele* = favourite travel destinations

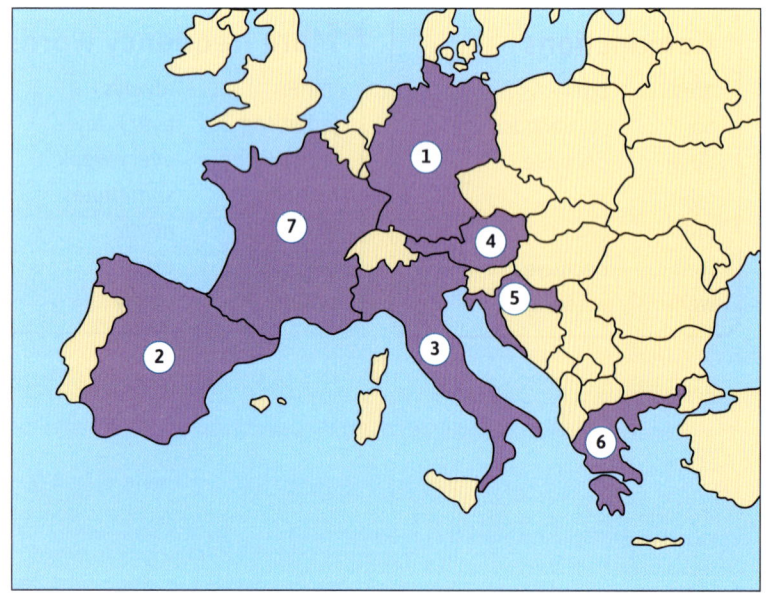

a Spanien   b Deutschland
c Italien   d Österreich
e Frankreich   f Griechenland
g Kroatien

8 acht

1 In Urlaub

4 Look at the graphic about the elements of a perfect holiday for German people. Write the elements in their order of importance (1–9) in English.

Example: **1** *good weather 47%,* **2** *...*

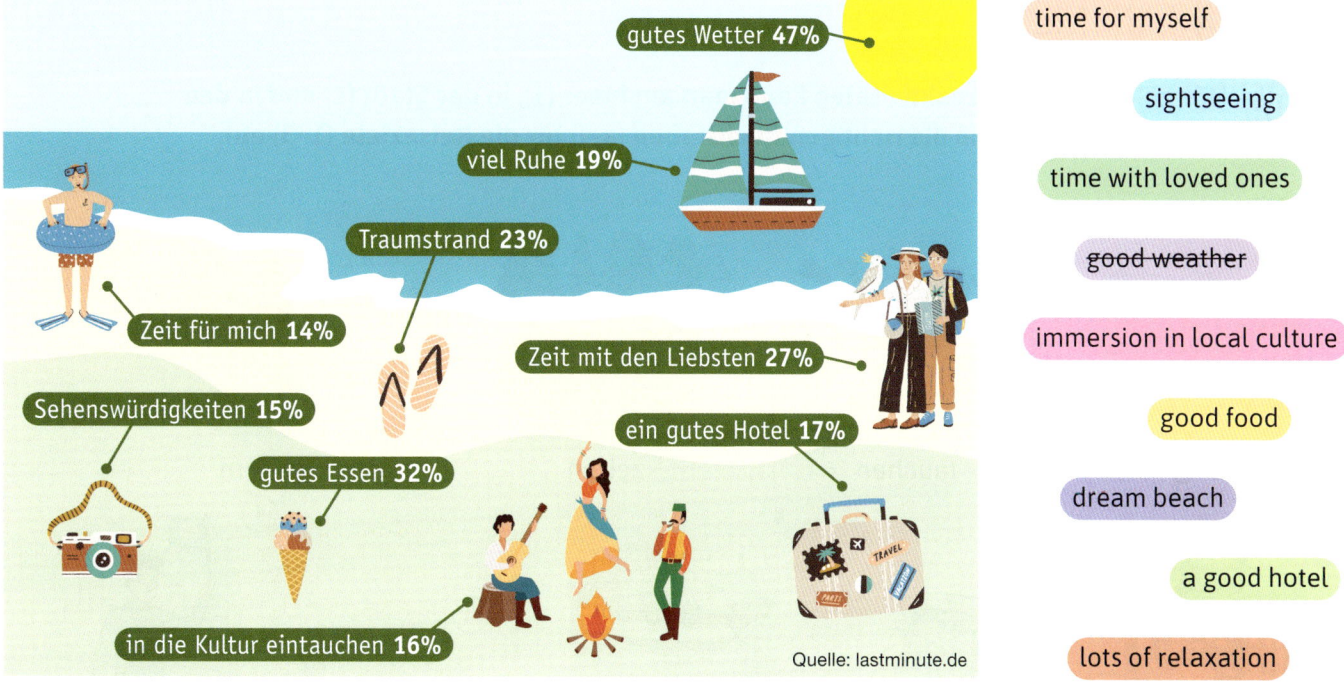

time for myself

sightseeing

time with loved ones

~~good weather~~

immersion in local culture

good food

dream beach

a good hotel

lots of relaxation

5 Look at the information about how German people like to travel to their holiday destinations. Complete the summary in English.

Most German people go on holiday by **1** _____ . Only 5% of German people go on holiday by **2** _____ .

40% of German people travel by **3** _____ . The bus is used by **4** _____ % of holidaymakers. 3% of German people use other forms of transport.

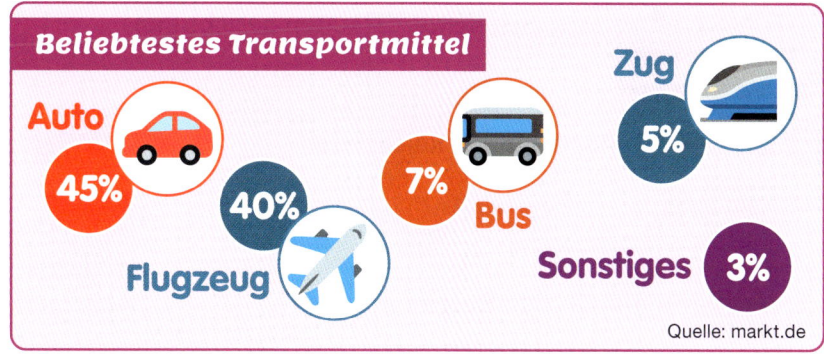

6 👥 **Macht Dialoge.**

Beispiel:
- *Was ist dir im Urlaub wichtig?*
- *Ein gutes Hotel ist mir wichtig. Was ist dir im Urlaub wichtig?*

Sprachmuster

There are two different words for 'holidays' or 'vacation' in German:
- When people have a vacation with fixed dates such as the school holidays, they talk about *Ferien*.
- When people take days off from work, they talk about *Urlaub*.

The word *Feiertag* is used for national holidays and other days of celebration.

neun 9

1.1 Ferienaktivitäten

Objectives
- Talking about holiday activities
- Using the infinitive
- Using conjunctions

🎧 Hören

1 Hör zu. Welche Ferienaktivitäten kann man am Meer (1), in der Stadt (2) und in den Bergen (3) machen? Schreib die richtigen Buchstaben (a–i) für die Reiseziele (1–3) auf.

Beispiel: 1 am Meer: a, ...

a
schnorcheln

b
tauchen

c
zelten

d
klettern

e
eine Radtour machen

f
Sehenswürdigkeiten besichtigen

g
eine Bootsfahrt machen

h
einen Stadtbummel machen

i
Ausflüge machen

💬 Sprechen

2 👥 Macht Dialoge mit den Reisezielen.

am Meer   in der Stadt   in den Bergen

> Was kann man in den Bergen machen?

> Man kann ... und man kann auch...

💡 Tipp
Here are some more activities you can use in activity 2:
windsurfen
Wildwasser-Rafting machen
Kanu fahren

⚙ Strategie
Using conjunctions

To make your sentences more interesting, use conjunctions: *und* (and), *aber* (but), *auch* (also), *oder* (or).

Am Meer kann man windsurfen **oder** eine Radtour machen. **Aber** man kann **auch** in der Stadt eine Radtour machen **und** Sehenswürdigkeiten besichtigen.

Remember to check your word order too (use the 'verb-second' rule).

✏ Schreiben

3 Schreib einen Satz für jedes Reiseziel aus Aktivität 2.

Beispiel: Am Meer kann man ... und auch ... oder...

1 In Urlaub

🎧 Hören

4 Listen to five young people talking about holiday activities (1–5). Copy and complete the table in English.

	Activity	Opinion
1	do a boat trip	

💬 Sprechen

5 👥 Sagt eure Meinungen über Ferienaktivitäten.

Beispiel:
- *Eine Radtour machen – gefällt dir das?*
- *Ja, eine Radtour machen ist richtig lustig.*

Grammatik p.22; WB p.5

The infinitive

Use a second verb in the **infinitive** with *können* (to be able to/can):

*Was kann man am Meer **machen**?* (What can you do at the seaside?)
*Man kann **schwimmen**.* (You can swim.)

You can also use the infinitive to start a sentence:

***Schwimmen** ist echt toll.* (Swimming is really great.)

📖 Lesen

6 Read the posts about two holiday destinations. Complete the sentences in English.

AQUA MUNDO
Ich würde gern einmal nach Aqua Mundo fahren.
Man kann dort Wildwasser-Rafting machen.
Man kann mit Schwimmmaske schnorcheln, oder man kann mit tropischen Fischen tauchen – das ist echt cool!
Aktiv sein ist mir wichtig.
@Miamia

FRANKENJURA
Ich würde gern einmal nach Frankenjura fahren.
Man kann dort klettern. Man kann auch zelten.
Das ist ein Kletterparadies. Richtig toll!
In der Natur sein ist mir wichtig.
@Hanna

a At Aqua Mundo you can do _____.
b You can also _____.
c It's cool to _____.
d In Frankenjura you can _____ and _____.
e Frankenjura is a _____.

Ich würde gern einmal nach … fahren. — I would like to go to … at some point.

🔄 Übersetzen

7 Übersetz den Text ins Deutsche.

I would like to go to Berlin at some point. You can do a bicycle tour and also visit sights. In Berlin, you can go on a stroll around the city. Really great!

elf **11**

1.2 Wo hast du deine Ferien verbracht?

Objectives
- Talking about a past holiday
- Using the perfect tense with *haben*
- Answering questions in German

🎧 Hören

1 Hör zu. Drei Personen beantworten Fragen über die Sommerferien. Schreib vier Buchstaben (a–l) für jede Person (1–3) auf.

Beispiel: **1** b, …

Wo?
Ich habe meine Sommerferien in … verbracht.
- **a** Frankreich
- **b** Deutschland
- **c** Italien

Was?
Ich habe…
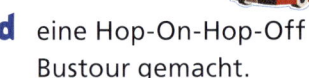
- **d** eine Hop-On-Hop-Off Bustour gemacht.
- **e** eine Radtour gemacht.
- **f** Tennis gespielt.
- **g** ein Konzert gesehen.
- **h** ein Museum besucht.
- **i** Sehenswürdigkeiten besichtigt.

Wie war es?
Es…
- **j** hat Spaß gemacht.
- **k** war toll!
- **l** war cool!

| Es war… | It was… |

🔄 Übersetzen

2 Translate the sentences into English.
- **a** Ich habe Sehenswürdigkeiten besichtigt.
- **b** Ich habe Tennis gespielt.
- **c** Er hat eine Radtour gemacht.
- **d** Wir haben eine Hop-On-Hop-Off Bustour gemacht.
- **e** Ich habe ein Museum besucht.
- **f** Wo hast du deine Sommerferien verbracht?
- **g** Sie *(they)* haben ein Konzert gesehen.

Grammatik   pp.22–23; WB p.7

The perfect tense with *haben*

To form the perfect tense, you need an <u>auxiliary verb</u> and a <u>past participle</u>. The past participle goes to the end of the sentence:
Ich habe gespielt (I played).

Subject	Auxiliary verb (*haben*)	Past participle
ich	habe	
du	hast	
er/sie/es	hat	gespielt
wir	haben	
ihr	habt	
sie/Sie	haben	

The past participle of many verbs is formed like this:
spielen → **ge**spiel**t** (played)

Some common past participles are irregular:
besuchen → *besuch**t*** (visited)   *sehen* → *geseh**en*** (saw)
besichtigen → *besichtig**t*** (visited)   *verbringen* → *verb**r**acht* (spent)

12 zwölf

1 In Urlaub

📖 Lesen

3 Read Meszut's holiday review. Which activity (a–e) does he not mention?

Letztes Jahr habe ich meine Sommerferien in Frankreich in Mulhouse verbracht.
Ich habe eine Segwaytour gemacht und ich habe Sehenswürdigkeiten besichtigt.
Wir haben Museen besucht und wir haben auch gut gegessen. Am letzten Tag haben wir eine Bootsfahrt gemacht.
Es hat Spaß gemacht.
Meszut

a doing a Segway tour
b visiting the sights
c visiting museums
d going on a cycling tour
e doing a boat trip

Sprachmuster

Remember that, in German, the verb must be the second idea in a sentence. In the perfect tense, this is what happens:

first idea   second idea

In den Sommerferien **habe** ich einen Stadtbummel **gemacht**.

💬 Sprechen

4 👥 **Macht drei Dialoge mit folgenden Informationen.**

Deutschland – Stadtbummel – Museum – toll

Frankreich – Bustour – Konzert – Spaß

Italien – Radtour – Sehenswürdigkeiten – cool

Wo hast du deine Sommerferien verbracht?	Ich habe meine Sommerferien in …		verbracht.
Was hast du dort gemacht?	Ich habe/ Wir haben	eine Radtour/Bustour einen Stadtbummel eine Bootsfahrt	gemacht.
		Sehenswürdigkeiten	besichtigt.
		ein Museum	besucht.
		ein Konzert	gesehen.
Wie war es?	Es hat	Spaß gemacht.	
	Es war	toll/cool/prima/entspannend/ langweilig/anstrengend.	

⚙ Strategie

Answering questions in German

When answering questions in German, listen carefully to the question, then make sure that you are using the correct verb form in your answer.

German questions often use inversion (the verb and the subject swap places). Pay attention to word order in your answer.

If you hear *du* in the question, you need to answer with *ich*.

*Wo hast **du** deine Ferien verbracht?*
***Ich** habe…*

If you hear *es* in the question, you need to answer with *es*.

*Wie war **es**?*
***Es** war…*

✏ Schreiben

5 **Beschreib deine Ferien im letzten Sommer. Du kannst Meszuts Text aus Aktivität 3 als Beispiel benutzen.**

dreizehn 13

1.3 #Wanderlust!

Objectives
- Talking about how you travelled on holiday
- Using the perfect tense with *sein*
- Using sequencers

📖 Lesen

1 Was passt zusammen? Verbinde die Wörter (1–8) mit den Bildern (a–h).

> Wie bist du gefahren?

> Ich bin … gefahren/geflogen.

Beispiel: **1** f

1. mit dem Flugzeug
2. mit dem Schiff
3. mit dem Auto
4. mit dem Fahrrad
5. mit dem Motorrad
6. mit dem Zug
7. mit dem Bus
8. mit dem Schneemobil

a
b
c
d
e
f
g
h

🎧 Hören

2 Hör zu. Ist alles richtig?

💬 Sprechen

3 👥 Zeichne ein Verkehrsmittel. (*Draw a means of transport.*) Dein Partner/Deine Partnerin muss raten (*has to guess*), was das ist.

Beispiel:
- Bist du mit dem Zug gefahren?
- Nein.
- Bist du mit dem Auto gefahren?
- Nein./Ja, ich bin mit dem Auto gefahren.

Aa Grammatik   p.23; WB p.9

The perfect tense with *sein*

Verbs of movement use *sein* as the auxiliary verb in the perfect tense (instead of *haben*). For these verbs, you need to use the correct form of *sein* and a past participle. The past participle goes to the end of the sentence:
Ich bin gereist (I travelled).

Subject	Auxiliary verb (*sein*)	Past participle
ich	bin	
du	bist	
er/sie/es	ist	gereist
wir	sind	
ihr	seid	
sie/Sie	sind	

Most verbs that take *sein* have irregular past participles:
gehen → geg**angen** (went)
fahren → gefahr**en** (went/travelled (in a vehicle))
laufen → gelauf**en** (ran)
fliegen → gefl**ogen** (flew)
kommen → gekomm**en** (came)

14 vierzehn

1 In Urlaub

✏️ Schreiben

4 Schreib diese Sätze im Perfekt auf. Benutz das Verb ‚fahren'.

Beispiel: **a** Ich bin mit dem Fahrrad gefahren.

a ich    **b** er   **c** du ?

d wir 🚌   **e** ich 🚗   **f** sie (they) ✈️

📖 Lesen

5 〰️ Listen and read the blog posts. Are the statements true (T) or false (F)?

Quer durch Deutschland
Ich heiße Ella und ich bin quer durch Deutschland von Rostock nach Dresden gefahren.
Ich bin zuerst mit dem Bus gefahren.
Ich bin dann mit dem Zug gefahren.
Es hat Spaß gemacht.

Quer durch Österreich
Ich heiße Markus und ich bin quer durch Österreich von Wien nach Salzburg gefahren.
Ich bin zuerst mit dem Auto gefahren.
Ich bin dann mit dem Motorrad gefahren.
Und ich bin danach mit dem Schneemobil über die Alpen gefahren.
Es war toll.

Quer durch die Schweiz
Ich heiße Roger und ich bin quer durch die Schweiz von Basel nach Zermatt gefahren.
Ich bin zuerst mit dem Fahrrad gefahren.
Ich bin dann mit dem Schiff gefahren.
Und ich bin danach mit dem Flugzeug geflogen.
Das war echt cool!

a Ella first travelled by bus.
b Ella cycled the last stretch.
c Markus travelled through Switzerland.
d Markus travelled by snowmobile over the Alps.
e Roger first travelled by boat.
f Roger's last means of transport was a plane.

| quer durch | across | dann | then |
| zuerst | first | danach | after that |

🎁 Extra
Choose Ella, Markus or Roger and rewrite his/her blog post using the *er/sie* form.

💬 Sprechen

6 👥 Arbeitet in Gruppen von drei Personen. Ihr seid Ella, Markus und Roger. Verändert (*Adapt*) die Blogeinträge aus Aktivität 5. Beginnt die Sätze mit ‚zuerst', ‚dann' und ‚danach'.

Beispiel: Ich heiße… Zuerst bin ich…

⚙️ Strategie
Using sequencers

Use sequencers to help structure your speaking and writing. If you start a sentence with *zuerst*, *dann* or *danach*, the verb needs to be the second idea.

Zuerst bin ich mit dem Auto gefahren.
Dann bin ich mit dem Motorrad gefahren.
Danach bin ich mit dem Schiff gefahren.

✏️ Schreiben

7 Beschreib eine sehr lange Reise in deinem Leben.

Beispiel: Zuerst bin ich mit dem Schiff gefahren. Dann…

fünfzehn **15**

1.4 Wie war das Wetter?

Objectives
- Talking about the weather
- Using the imperfect tense
- Listening for detail

📖 Lesen

1 Wie war das Wetter gestern? Lies den Wetterbericht und füll die Lücken aus.

Morgens war es wolkig und **1** _____.

2 _____ war es sonnig.

Abends war es **3** _____ mit Regen.

Nachts gab es **4** _____ und es war neblig.

🎧 Hören

2 〰️ Listen to the people talking about the weather. Which type of weather is **not** mentioned?

a cloudy and sunny
b cloudy and windy
c cloudy with rain
d stormy and foggy
e snow

💬 Sprechen

3 👥 Spielt Tic-Tac-Toe. Wie war das Wetter gestern?

Beispiel: **c** Es gab Regen.

Es war	wolkig/sonnig/stürmisch/windig/neblig/kalt/heiß.
Es gab	Schnee/Regen.

🗣 Kultur

Tic-Tac-Toe (noughts and crosses) is also known as *Drei gewinnt* or *Kreis und Kreuz* in German.

🔄 Übersetzen

4 Übersetz den Wetterbericht ins Deutsche.

In the morning it was cloudy.
In the afternoon it was sunny and windy.
In the evening there was rain and at night there was snow.

Aa Grammatik WB p.11
The imperfect tense

The imperfect tense is used for descriptions in the past.

Es war… (It was…)

Es gab… (There was/were…)

16 sechzehn

1 In Urlaub

🎧 Hören

5 Listen to another weather report and complete the notes in English.

Weather:	morning: _____
	afternoon: _____
	evening: _____
	night: _____
Time:	sunrise: _____
	sunset: _____
Temperature:	high: ____°
	low: ____°

⚙ Strategie
Listening for detail

When listening, the words that you hear might not always be exactly the same as the vocabulary you have learnt.

Don't panic! Listen for:

- words you know and words that are related: for example, *Regenschauer* contains the word *Regen*
- *keine* (no/not any): for example, *Keine Wolken mehr!* (No more clouds!)
- cognates and near-cognates: what do you think these words mean? *schien*, *leicht*.

📖 Lesen

6 Listen and read Azra's post. Complete the sentences in English.

a Azra's motorbike is called _____.
b The first country she visited was _____.
c The weather was _____ and _____.
d Then she went to _____.
e The weather was often _____, but there was also _____.
f Sometimes it was also _____.
g On the ship, you can always _____.
h But it's often _____.

überall	everywhere
durch	through
oft	often
manchmal	sometimes
immer	always

Mein Motorrad-Abenteuer

Hallo!
Ich heiße Azra und ich habe eine tolle Reise gemacht.

Mit meinem Motorrad fahre ich überall in Europa.

Mein Motorrad heißt Nils und ist mein bester Freund in der Welt.

Motorrad fahren macht Spaß! Das finde ich wahnsinnig gut!

Morgens, nachmittags, abends und nachts möchte ich Motorrad fahren!

Nun, meine Reise…

Zuerst bin ich durch Kroatien gefahren. Das Wetter war heiß und sonnig. Wie schön!

Dann bin ich nach Griechenland gefahren. Es war oft sonnig, aber es gab auch Regen. Es war auch manchmal neblig.

Danach bin ich mit dem Schiff nach Spanien gefahren. Auf dem Schiff kann man immer gut essen. Aber es ist oft stürmisch!

Es hat Spaß gemacht!

✏ Schreiben

7 Schreib Caspars Fahrrad-Abenteuer auf. Verändere die unterstrichenen Sätze aus Aktivität 6.

Mein Fahrrad-Abenteur
Name: Caspar
Fahrrad: Camille
Route: zuerst durch Italien gefahren, dann nach Frankreich gefahren
Wetter: windig, sonnig (Italien); sonnig, stürmisch (Frankreich)
Wie war es? spannend

Aussprache: u and ü

In German, the letter 'u' is pronounced 'ooh': **U**rlaub.

The letter 'ü' is pronounced 'ooh' with pursed lips: **ü**berall, st**ü**rmisch.

👥 Practise saying this sentence with your partner:
Mein Urlaub war gut aber das Wetter war überall stürmisch.

siebzehn 17

1.5 Ich reise gern

Objectives
- Describing a past holiday and giving your opinion
- Using different personal pronouns and verb forms
- Using intensifiers

Lesen

1 Read the posts on a holidays thread. Who stayed where? Match the places (1–4) to the people.

1. holiday flat
2. hotel
3. youth hostel
4. teepee village

Wo hast du übernachtet?

@Emma03: Ich habe **in einem Tipi-Dorf** übernachtet. Wahnsinn!

@Koalachen: Ich habe **in einer Jugendherberge** übernachtet. Sehr bequem.

@Christine222: Wir haben **in einer Ferienwohnung** übernachtet. Das war für uns ideal.

@Luxuslieber: Ich habe **in einem Hotel** übernachtet. Echt toll.

2 Read the texts and find examples of the structures.

Ich habe meine Sommerferien in Spanien in Cadaqués verbracht. Wir sind mit dem Flugzeug geflogen und wir haben in einem Hotel übernachtet.

Am ersten Tag habe ich eine Hop-On-Hop-Off Bustour gemacht und am folgenden Tag habe ich Sehenswürdigkeiten besichtigt. Am letzten Tag habe ich ein Theaterstück gesehen, aber das hat keinen Spaß gemacht.

Man kann in Cadaqués auch das Dalí-Haus besuchen, aber das haben wir nicht gemacht.

Das Wetter war sonnig und heiß. Spanien ist wunderschön und richtig cool. Meine Ferien waren echt toll!

Feyi

Strategie

Using intensifiers

Use intensifiers in front of adjectives to make your speaking and writing more lively. You already know *ziemlich* (quite), *ein bisschen* (a bit), *sehr* (very) and *gar nicht* (not at all).

Don't forget the following intensifiers, which can also be used in more informal writing:

total (totally)
echt (really/genuinely)
voll (really)
richtig (really)

Ich habe meine Sommerferien in Österreich in den Bergen verbracht. Ich bin mit dem Bus gefahren und ich habe dann mit meinem Freund Niko gezeltet.

Am ersten Tag haben wir Wildwasser-Rafting gemacht. Am folgenden Tag bin ich geklettert und ich habe danach eine Fahrradtour gemacht. Aktiv sein ist mir sehr wichtig.

Man kann auch in den Bergen Kanu fahren. Niko hat einen Ausflug gemacht, aber das habe ich nicht gemacht.

Das Wetter war ziemlich schön aber ein bisschen kalt. Österreich hat mir gut gefallen. Ich komme bald wieder!

Julius

a perfect tense with *haben* (3)
b perfect tense with *sein* (3)
c imperfect tense (2)
d *man kann* + infinitive (2)
e intensifiers (4)
f conjunctions (3)
g sequencers (4)

18 achtzehn

1 In Urlaub

3 Read the texts in activity 2 again. Copy and complete the table in English.

	Destination	Transport	Activities	Overall opinion
Feyi				
Julius				

🎁 Extra
Add these extra columns to your table and complete the notes for Feyi and Julius:

Accommodation

Other things you can do

Weather

✏️ Schreiben

4 Füll die Lücken aus. Du brauchst nicht alle Wörter zu benutzen.

haben   sind   übernachtet   habe

geflogen   verbracht   haben   gefahren

Wir **1** _____ unsere Sommerferien in der Schweiz **2** _____. Wir **3** _____ mit dem Bus **4** _____ und wir **5** _____ in einem Gasthaus **6** _____.

Aa Grammatik   WB p.13
Different personal pronouns and verb forms

It's tempting to stick to the *ich* form when you're writing and speaking, but it's important to learn and use other personal pronouns and their verb forms (like the *er/sie/es* and *wir* forms) in different tenses too.

Present tense	Perfect tense
ich mache	ich habe gemacht
er/sie/es macht	er/sie/es hat gemacht
wir machen	wir haben gemacht
ich fahre	ich bin gefahren
er/sie/es fährt	er/sie/es ist gefahren
wir fahren	wir sind gefahren

🔄 Übersetzen

5 Translate the text from activity 4 into English.

🎧 Hören

6 〰️ Kuscheltiertour! (*Cuddly toy tour!*) Hör zu und bring die Fotos (a–d) in die richtige Reihenfolge.

a

b

c

d

✏️ Schreiben

7 Schreib deine eigene Kuscheltiertour. Benutz die ‚er/sie'-Form.

Er/Sie ist ... gefahren.
Am ersten Tag...
Am folgenden Tag...
Am letzten Tag...
Das Wetter war...

neunzehn 19

1 Kultur

Weihnachtsmärkte

📖 Lesen

1 Was passt zusammen? Verbinde die Wörter (1–6) mit den Bildern (a–f).

1 Geschenke 2 heißer Kakao 3 Glühwein 4 Nussknacker 5 Stollen 6 Kartoffelpuffer

 a
 b
 c
 d
 e
 f

2 Read the text about the Christmas market in Aachen and answer the questions in English.

> Der Aachener Weihnachtsmarkt ist einer der schönsten Weihnachtsmärkte in ganz Europa.
> Jedes Jahr kommen 1,5 Millionen Besucher.
> Hier findet man rund 130 Stände mit Geschenkideen und kulinarischen Spezialitäten.
> Man kann einen Marktbummel machen und heißen Kakao trinken. Man kann Geschenke kaufen. Die Atmosphäre ist total romantisch.

a How many visitors come to the Christmas market each year?
b How many stalls are there?
c What can you buy?
d What is the atmosphere like?
e On which dates does the Christmas market take place?
f What are the opening times?

20. November bis 23. Dezember
Öffnungszeiten: täglich von 11:00 bis 21:00 Uhr

> In German-speaking countries, many towns hold Christmas markets in the run-up to Christmas. At the gates of the Aachen Christmas Market stand two enormous *Printenmänner* made from a sweet spiced bread called *Printen*, a local speciality. Every family has a different recipe!

🎧 Hören

3 Hör zu. Wer sagt das: Sanya (S) oder Leo (L)?

a Ich habe heißen Kakao getrunken.
b Ich bin zum Weihnachtsmarkt in Aachen gefahren.
c Wir haben einen Nussknacker gekauft und wir sind auch Karussell gefahren.
d Ich habe ein paar Geschenke gekauft.
e Mit Lichtern und Musik war das echt toll!
f Wir haben Stollen und Printenmänner gegessen.

20 zwanzig

1 In Urlaub

✏️ Schreiben

4 Schreib eine SMS an deine Freundin.

Include the following details:
- You went to the Christmas market.
- You bought some presents.
- You drank hot cocoa and you ate a potato pancake.
- It was really great.
- It was fun.

📖 Lesen

5 Listen and read the poem. Then complete the English translation.

Der alte Nikolaus is Saint Nicholas, who delivers toys to children on 6th December in German-speaking countries. Traditionally his presents are left in children's shoes.

Wenn's schneit

Wenn's schneit, wenn's schneit,
ist Weihnacht nicht mehr weit.
Dann geht der alte Nikolaus
mit seinem Sack von Haus zu Haus.

Wenn's schneit, wenn's schneit,
ist Weihnacht nicht mehr weit.
Dann kann man durch die Straßen gehn
und all die schönen Sachen sehn.

Wenn's schneit, wenn's schneit,
ist Weihnacht nicht mehr weit.
Dann riecht es, ach, so wundersam,
nach Äpfeln und nach Marzipan.

When it snows

When it snows, when it snows,
1 _____ is not so far away.
Then old Nicholas goes
With his 2 _____ from house to house.

When it snows, when it snows,
Christmas is not so far away.
Then through the 3 _____ you can go
And all the 4 _____ things you can see.

When it snows, when it snows,
Christmas is not so far away.
Then the smell is oh so 5 _____,
Of 6 _____ and marzipan.

💬 Sprechen

6 👥 **Lest das deutsche Gedicht laut.**
(Read the German poem out loud.)

Aussprache: z, ei and ie

Remember, in German:
- 'z' sounds like 'ts': **z**u, Mar**z**ipan
- 'ei' sounds like 'eye': schn**ei**t, W**ei**hnacht, w**ei**t, s**ei**nem
- 'ie' sounds like 'ee': r**ie**cht

einundzwanzig 21

1 Sprachlabor

The infinitive with *man kann*

The phrase *man kann* means 'one can' or 'you can'. Use *man kann* with an infinitive at the end of the sentence.

- **Man kann** im Winter **eislaufen**. (You can go ice skating in the winter.)

Remember that, in German, the verb is always the second idea in a sentence. This means that if you start a sentence with a time expression or a place, *kann* must come next.

- Im Winter **kann man** eislaufen.
- In den Bergen **kann man** Ski fahren.

1 Put the letters in the correct order to write the infinitives. Then translate the sentences into English.

a Man kann einkaufen **gheen**.
b Man kann Sehenswürdigkeiten **chgbseitien**.
c Man kann eine Radtour **enmach**.
d In der Schweiz kann man **tkletren**.
e Am Meer kann man **olerschnnch**.
f In den Bergen kann man **lnetez**.

2 Write *man kann* in the correct order in the blue gaps. Choose the correct infinitive for the green gaps.

tauchen   zelten   laufen   machen
besichtigen   essen

a _____ _____ einen Stadtbummel _____.
b _____ _____ das Brandenburger Tor _____.
c Im Winter _____ _____ Ski _____.
d In Berlin _____ _____ Currywurst _____.
e Am Meer _____ _____ _____.
f _____ _____ mit Freunden _____.

The perfect tense with *haben*

To form the perfect tense of most verbs, use the correct form of the auxiliary *haben* (to have) and the past participle at the end of the sentence:

ich	habe
du	hast
er/sie/es	hat
wir	haben
ihr	habt
sie/Sie	haben

- Ich **habe** eine Radtour **gemacht**. (I did a cycling tour.)

Many (but not all) past participles have the prefix *ge-* and end in *-t* or *-en*:

- *gesehen, gespielt, gegessen, gelesen, getanzt, gemacht*

Some exceptions are the past participles *verbracht* (*verbringen*), *besucht* (*besuchen*) and *studiert* (*studieren*).

3 Complete the sentences with the correct past participle form of the verb in brackets.

a Ich habe meine Ferien in Spanien _____. (*verbringen*)
b Wir haben ein Museum _____. (*besuchen*)
c Ich habe Eis _____. (*essen*)
d Ich habe ein Konzert _____. (*sehen*)
e Mein Bruder hat Fußball _____. (*spielen*)

4 Put the words in the correct order. Then translate the sentences into English.

a meine Ferien Ich habe in Italien verbracht.
b Thomas gesehen hat den Eiffelturm.
c Wir Basketball gespielt haben.
d du hast gemacht Was?

5 Translate the sentences into German.

a I played volleyball.
b We visited my grandma.
c Jana ate chips.
d At the weekend my friends saw a concert, but I read a book.

1 In Urlaub

The perfect tense with *sein*

The perfect tense of some verbs is formed with *sein* (to be) as the auxiliary verb. Use the correct form of *sein* and the past participle at the end of the sentence.

ich	bin
du	bist
er/sie/es	ist
wir	sind
ihr	seid
sie/Sie	sind

Here are some common past participles of verbs that take the auxiliary verb *sein*:

- *gegangen, gefahren, geblieben, geflogen, gelaufen, gekommen*

They are often verbs of movement from one place to another.

6 Choose the correct auxiliary verb (form of *sein*) to complete each sentence.

a Ich **bin/ist** nach Österreich gereist.
b **Seid/Bist** du in den Ferien nach Frankreich gefahren?
c Meine Schwester **sind/ist** mit dem Bus nach Schottland gefahren.
d Hans und Otto **bin/sind** nach Amerika geflogen.
e Wir **bist/sind** zu Hause geblieben.

7 Complete the sentences with the correct past participle from the list in the *Grammatik* box.

a Ich bin einkaufen _____.
b Ich bin mit dem Zug nach Frankreich _____.
c Ich bin um Mitternacht nach Hause _____.
d Ich bin einen Marathon _____.
e Wir sind mit dem Flugzeug nach Jamaika _____.
f Wir sind in den Ferien in England _____.

The perfect tense: *haben* and *sein*

8 Copy and complete the table with the past participles.

gemacht   geblieben   gesehen
gegangen   besucht   gekommen
gegessen   verbracht   gekauft
geflogen   gefahren

Ich habe...	Ich bin...

9 Complete the text with the correct auxiliary verbs or past participles.

Letzten Sommer **1** _____ ich mit meiner Familie nach Frankreich geflogen. Wir **2** _____ zwei Wochen am Meer verbracht. Es war total schön! Ich habe Volleyball **3** _____ und an einem Tag haben wir eine Bootsfahrt **4** _____. Meine Schwester ist in ein Einkaufszentrum **5** _____, aber ich finde das langweilig. Abends **6** _____ wir ins Restaurant gegangen und das Essen war echt lecker!

Aussprache: long and short vowels

In German, each vowel has two different sounds: a long sound and a short sound.

Vowel	Long sound	Short sound
a	'ar' as in 'art' – Sp**a**ß	'a' as in 'bat' – St**a**dt
e	'ay' as in 'day' – R**e**gen	'e' as in 'end' – T**e**nnis
i	'ee' as in 'street' – sp**ie**len	'i' as in 'bin' – W**i**nd
o	'o' as in 'over' – gefl**o**gen	'o' as in 'on' – t**o**ll
u	'oo' as in 'soon' – g**u**t	'u' as in 'put' – W**o**hnung

10 Listen and repeat the words from the table. Then practise with your partner.

11 Practise saying the sentences.

1 Es war nett in Norwegen aber nass in Spanien.
2 Egon fand den Urlaub in Lettland lustig, aber Inge fährt immer nach Griechenland.

dreiundzwanzig 23

1 Was kann ich schon?

📖 Lesen

1 Lies die Sätze. Richtig (R) oder falsch (F)?

a In der Stadt kann man Ski fahren.
b Am Meer kann man eine Bootsfahrt machen.
c In Rom kann man Sehenswürdigkeiten besichtigen.
d In den Bergen kann man schnorcheln.
e In der Disko kann man tanzen.
f In Hamburg kann man einen Stadtbummel machen.
g In der Stadt kann man mountainbiken.
h Im Museum kann man windsurfen.
i In den Bergen kann man klettern.
j In England kann man im Winter im warmen Meer schwimmen.

✓ 10

2 Read the holiday reviews and answer @Sonnenschein (S) or @Weltenbummler (W).

> **@Sonnenschein**
> Letzten Sommer habe ich zwei Wochen auf Sylt verbracht. Die Insel ist total super. Man kann dort windsurfen, schwimmen und wandern. Ich habe mit meinen Freunden gezeltet. Das Wetter war ideal – sonnig und ein bisschen windig. Wir haben auch ein Konzert gesehen. Das war fantastisch!
>
> **@Weltenbummler**
> Ich bin letzten Sommer mit meinen Eltern nach Rom geflogen. Dort kann man viele Sehenswürdigkeiten besichtigen, weil die Stadt sehr historisch ist. Wir haben eine Stadttour mit dem Bus gemacht und ich habe viel fotografiert. Wir haben auch einen Stadtbummel gemacht und ich habe ein T-Shirt und eine Sonnenbrille gekauft. Das italienische Essen war echt lecker.

a Who went on holiday by plane?
b Who went camping?
c Who enjoyed sporty activities?
d Who took lots of photos?
e Who went on holiday with friends?
f Who enjoyed the food?
g Who spent their holiday in a city?
h Who went shopping?
i Who spent two weeks away?
j Who went to a concert?

✓ 10

Max. ✓ 20 Punkte

🎧 Hören

3 Listen to Gino talking about his holiday. Choose the correct answer to complete each sentence.

a Gino travelled by **plane/car**.
b He went to **France/Spain**.
c He went with his **family/friends**.
d He spent **one week/two weeks** at the hotel.
e The hotel was **by the sea/in the city**.
f He played **football/volleyball** with his dad.
g They went **snorkelling/surfing**.
h It was **warm/hot**.
i He learnt **to dive/a bit of French**.
j Every evening they went to the **restaurant/disco**.

✓ 10

4 Listen to Daniel talking about St Moritz. Complete the sentences in English.

a St Moritz is in _____.
b It's ideal for _____.
c You can go _____. (**two** sports)
d The weather is great because _____. (**two** details)
e Apart from doing sports, you can also _____.
f Summer activities include _____. (**two** activities)
g You can't swim in the lake because _____.

✓ 10

Max. ✓ 20 Punkte

24 vierundzwanzig

1 In Urlaub

✏️ Schreiben

5 Was kann man machen? Schreib einen Satz für jedes Bild. Benutz ‚Man kann…'

✓ 5

6 Beantworte die Fragen auf Deutsch.

a Was kann man am Meer machen?
b Was kann man in der Stadt machen?
c Wo hast du deine Ferien verbracht?
d Wie bist du gefahren?
e Was hast du dort gemacht?

✓ 10

7 Übersetz die Sätze ins Deutsche.

a I travelled by train to Wales.
b I spent one week in Stuttgart.
c First I played football.
d It was fun.
e It was cold and windy.

✓ 5

Max. ✓ 20 Punkte

Deine Resultate

Wie viele Punkte hast du für Lesen, Hören und Schreiben?
Notiere deine Punktezahl.

bis zu 6 Punkten Gut gemacht! Mach die Bronze-Aktivität auf der nächsten Seite.

7–12 Punkte Prima! Mach die Silber-Aktivität auf der nächsten Seite.

13–20 Punkte Fantastisch! Mach die Gold-Aktivität auf der nächsten Seite.

fünfundzwanzig 25

1 Vorankommen!

Bronze

1 📖 **What can you do in these countries? Match the countries (1–6) to the correct sentences (a–f).**

1 Frankreich
2 Jamaika
3 USA
4 Deutschland
5 Schweiz
6 Italien

a Man kann den Weihnachtsmarkt in Köln besuchen.
b Man kann Hollywoodstars sehen.
c Man kann den Eiffelturm sehen.
d Man kann die beste Pizza essen.
e Man kann das Bob-Marley-Museum besuchen.
f Man kann leckere Schokolade kaufen.

2 🎧 **Listen to Petra talking about her holiday. Which two details does she mention?**

a how long her stay was
b how she travelled there
c what she ate
d something that she enjoyed

3 ✏️ **Write sentences in the perfect tense in German using the words.**

Example: bike + Wales *Ich bin mit dem Fahrrad nach Wales gefahren.*

a car + Scotland
b train + France
c plane + Germany
d boat + Spain

Silber

4 📖 **Füll die Lücken aus. Du brauchst nicht alle Wörter zu benutzen.** Complete the sentences. You don't need to use all the words.

habe   besucht   war   Sommer
haben   drei   gemacht   letzte

Ich bin letzten **1** _____ mit meiner Familie nach Sri Lanka geflogen. Wir haben meine Tante und meine Oma **2** _____. Wir haben **3** _____ Wochen in Sri Lanka verbracht. Es **4** _____ sehr heiß in Sri Lanka. Wir sind schwimmen gegangen und haben eine Bootsfahrt **5** _____. Das war echt toll. Ich **6** _____ auch viele Souvenirs für meine Freunde gekauft. **Khirithik**

5 🎧 **Listen to Kai and Aysha talking about where they live. Who says these things: Kai (K), Aysha (A) or both (K+A)?**

a My city is sunny in the summer.
b You can see the sights here.
c My home town is great for sporty people.
d You can go skiing.
e You can visit lakes for swimming.
f My city is good for shopping.
g You can easily visit France or Switzerland.

6 ✏️ **Schreib einen Text (zirka 60 Wörter) über deine Ferien letzten Sommer. Du musst die Ideen unten erwähnen.** Write a short text (about 60 words) about your holidays last summer. You must mention the ideas below.

1 In Urlaub

Gold

7 📖 **Lies den Blogeintrag und beantworte die Fragen auf Deutsch.**

Letzten Dezember habe ich mit meiner Schule einen Ausflug nach Köln gemacht. Wir sind mit dem Bus gefahren und haben zwei Tage dort verbracht. Es war sehr kalt aber ziemlich sonnig. Am ersten Tag haben wir den Kölner Dom besichtigt – das ist eine sehr große Kirche in der Stadtmitte. Wir sind auch auf den Weihnachtsmarkt gegangen und ich habe Souvenirs für meine Familie gekauft. Ich habe auch Würstchen und Pommes gegessen.

Am nächsten Tag haben wir das Schokoladenmuseum besucht – das war sehr interessant. Danach haben wir eine Schifffahrt auf dem Rhein gemacht. Ich habe auf dem Schiff viele Fotos mit meinen Freunden gemacht – auch Selfies! Am Abend haben wir im Hotel Karten gespielt und Schokolade gegessen.

a Wann war Lukas in Köln?
b Wie lange war er in Köln?
c Wie war das Wetter?
d Was hat er am ersten Tag gesehen?
e Was hat er auf dem Weihnachtsmarkt gemacht? (**zwei** Details)
f Was hat Lukas am zweiten Tag besucht?
g Was hat er mit seinen Freunden auf dem Schiff gemacht?
h Was haben sie am Abend gemacht? (**zwei** Details)

8 🎧 〰️ **Hör zu. Schreib die Tabelle ab und füll sie aus.**

	1	2	3
Wohin?			
Wie lange?			
Wetter?			
Aktivität?			
Meinung?			

9 ✏️ **Schreib den Text in der Vergangenheitsform um.**

Im Sommer fahre ich nach Sylt. Ich bleibe zehn Tage dort. Ich gehe wandern und schwimmen. An einem Tag mache ich eine Radtour. Es ist wirklich toll.

10 ✏️ **Übersetz den Text ins Deutsche.**

Last summer I went to Italy by plane. I spent one week in Rome. It was quite hot. I visited the sights and after that I went swimming. It was a lot of fun.

11 ✏️ **Schreib einen Text (zirka 80 Wörter) über deine letzten Ferien.**

- Wohin?
- Transportmittel?
- Wie lange?
- Wetter?
- drei Aktivitäten
- deine Meinung

🎁 Extra

It's always good to include your opinion in your writing. Try to use a wider range of adjectives than the common ones like *langweilig* or *interessant*. How about *herrlich* (wonderful) or *faszinierend* (fascinating)? Look up the German for opinion words that you like to use in English. Remember to include intensifiers in your opinions too.

siebenundzwanzig

1 Vokabeln

1.1 Ferienaktivitäten
Holiday activities

Was kann man ... machen?	What can you do...?
Man kann...	You can...
Ausflüge machen	to do excursions
eine Bootsfahrt machen	to go on a boat trip
Kanu fahren	to go canoeing
klettern	to go climbing
eine Radtour machen	to go on a bike tour
schnorcheln	to go snorkelling
Sehenswürdigkeiten besichtigen	to visit sights
einen Stadtbummel machen	to walk around the town
tauchen	to go diving
in den Bergen	in the mountains
am Meer	by the sea
in der Stadt	in the city
Ich würde gern einmal nach ... fahren.	I would like to go to ... at some point.

1.2 Wo hast du deine Ferien verbracht?
Where did you spend your holidays?

Ich habe meine Sommerferien in Frankreich/Deutschland/Italien verbracht.	I spent my summer holidays in France/Germany/Italy.
Sommerferien (pl)	summer holidays
Was hast du dort gemacht?	What did you do there?
Ich habe eine Hop-On-Hop-Off Bustour gemacht.	I did a sightseeing bus tour.
Ich habe ein Konzert gesehen.	I saw a concert.
Ich habe ein Museum besucht.	I visited a museum.
Ich habe eine Radtour gemacht.	I did a bike tour.
Ich habe Sehenswürdigkeiten besichtigt.	I visited (the) sights.
Ich habe Tennis gespielt.	I played tennis.
Wie hat es dir gefallen?	How did you like it?
Wie war es?	How was it?
Es hat Spaß gemacht.	I had fun.
Es war...	It was...
anstrengend	exhausting
cool	cool
entspannend	relaxing
langweilig	boring
prima	fantastic
toll	great

1 In Urlaub

〰 1.3 #Wanderlust!
#Wanderlust!

Wie bist du gefahren?	*How did you travel?*
Ich bin ... gefahren.	*I travelled...*
mit dem Auto	*by car*
mit dem Bus	*by bus/coach*
mit dem Fahrrad	*by bike*
mit dem Motorrad	*by motorbike*
mit dem Schiff	*by ship/ferry*
mit dem Schneemobil	*by snowmobile*
mit dem Zug	*by train*
Ich bin mit dem Flugzeug geflogen.	*I travelled by plane./I flew.*
Ich bin von ... nach ... gefahren.	*I travelled from ... to...*
quer durch Frankreich/Italien/Spanien	*across, through France/Italy/Spain*
danach	*afterwards*
dann	*then*
zuerst	*first*

〰 1.4 Wie war das Wetter?
How was the weather?

Wie war das Wetter gestern?	*How was the weather yesterday?*
Morgens/Mittags/Abends/Nachts war es...	*In the morning/At midday/In the evening/At night it was...*
heiß	*hot*
kalt	*cold*
neblig	*foggy*
sonnig	*sunny*
stürmisch	*stormy*
windig	*windy*
wolkig	*cloudy*
Es gab Regen/Schnee.	*It rained./It snowed.*
überall	*everywhere*

〰 1.5 Ich reise gern
I like travelling

Wo hast du übernachtet?	*Where did you stay?*
Ich habe in einem/einer ... übernachtet.	*I stayed in a...*
die Ferienwohnung	*holiday flat*
das Gasthaus	*guesthouse*
das Hotel	*hotel*
die Jugendherberge	*youth hostel*
das Tipi-Dorf	*teepee village*
bequem	*comfortable*
ideal	*ideal*
wunderbar	*wonderful*
wunderschön	*beautiful*
am ersten Tag	*on the first day*
am folgenden Tag	*on the following day*
am letzten Tag	*on the last day*
(Aktiv sein) ist für mich wichtig.	*(Being active) is important to me.*
...hat mir gut gefallen.	*I liked...*
...hat mir nicht gut gefallen.	*I didn't like...*

neunundzwanzig 29

2 Mein Zuhause
Los geht's!

1 Was ist das Lieblingsmöbelstück (*favourite piece of furniture*) Deutschlands? Jeden Tag verbringt der Durchschnittsdeutsche (*average German*) drei Stunden darauf. Rate mal! (*Guess!*)

a — das Bett

b — das Sofa

c — die Toilette

2 ‚4ZKB' bedeutet ‚Vier Zimmer, Küche, Bad'. Das ist der Code einer typischen Mietwohnung (*rented flat*). Welche Wohnung ist das?

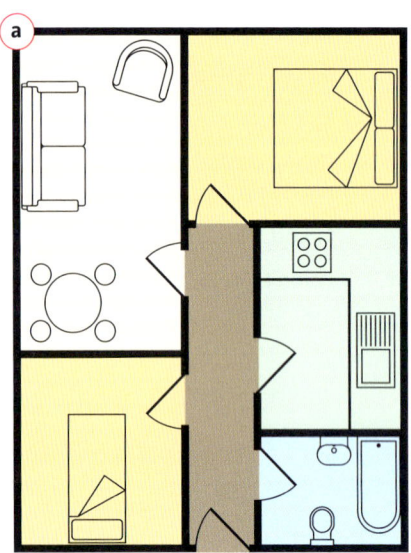
a

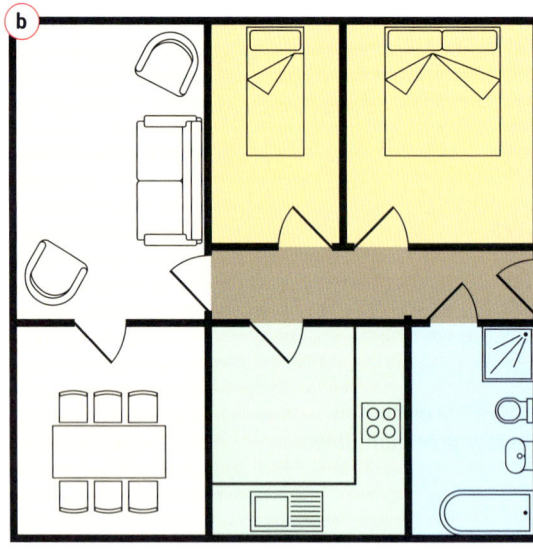
b

c

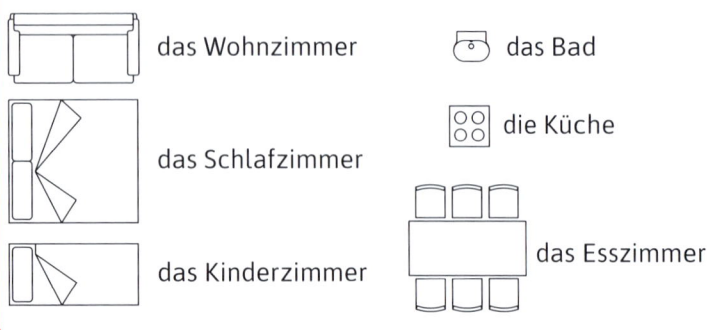

das Wohnzimmer
das Schlafzimmer
das Kinderzimmer
das Bad
die Küche
das Esszimmer

🎭 Kultur

In Germany, more people rent (*mieten* – to rent) than own a house or a flat. Some people live as co-tenants in a flat or houseshare. This is called a *Wohngemeinschaft* (WG). The tenants each have their own bedroom and share common spaces, such as the bathroom, kitchen and living room.

30 dreißig

2 Mein Zuhause

3 **Wer arbeitet wo? Füll die Lücken aus.**

a Ich heiße Konrad. Ich bin Gärtner und ich arbeite im _____.

b Ich heiße Elif. Ich bin Kellnerin und ich arbeite im _____.

c Mein Name ist Roger. Ich bin Verkäufer und ich arbeite im _____.

d Ich heiße Claudia. Ich bin Pfarrerin und ich arbeite in der _____.

Sprachmuster

Remember that to conjugate a regular verb in the present tense, the ending -en needs to be removed from the infinitive of the verb. This gives you the stem. Then add the correct ending to this stem.

arbeiten (to work)	
ich	arbeite
du	arbeitest
er/sie/es	arbeitet
wir	arbeiten
ihr	arbeitet
sie/Sie	arbeiten

How would you say 'I worked...' in the perfect (past) tense in German?

einunddreißig 31

2.1 Wie ist deine Alltagsroutine?

Objectives
- Talking about daily routines and household chores
- Using separable verbs in the present tense
- Answering comprehension questions in English

🎧 Hören

1 〰️ Hör zu und lies.

Hallo! Ich heiße Milo. Ich stehe früh auf, weil ich in einem Hotel in Zell am See arbeite.

Meine Mitarbeiterin heißt Gesa. Sie ist sehr fleißig aber gar nicht nett. Jeden Tag haben wir ganz viel zu tun.

Wir bereiten den Speisesaal vor. Wir **decken den Tisch**.

Wir **putzen** alle Schlafzimmer. Ich muss auch die Toiletten putzen. Ich finde das ganz anstrengend!

Ich **wasche ab** und **trockne ab**, wenn nötig.

Was noch? Ich **sauge Staub**. Manchmal **bügle** ich.

Ab und zu **arbeite** ich **im Garten**. Das finde ich toll!

Endlich zu Hause! Mein Roboter saugt Staub. Meine Spülmaschine wäscht ab und trocknet ab. Ich wasche nie ab.

der Mitarbeiter/die Mitarbeiterin	colleague
fleißig	hardworking
vorbereiten	to prepare
der Speisesaal	dining room (in a hotel)

📖 Lesen

2 Read the cartoon about Milo's daily routine again and answer the questions in English.

a Why does Milo get up early?
b Who is Gesa? What does Milo think of her?
c Which areas of the hotel do Milo and Gesa have to clean?
d What does Milo do when necessary?
e What does he sometimes do?
f Who does the housework in Milo's home? Which chores do they do?

⚙ Strategie

Answering comprehension questions in English

Comprehension questions often give you clues about the answers, so read them carefully.

Some questions focus on whether or not you can identify words that change the meaning of a sentence, such as:

- negatives: *Sie ist gar **nicht** nett.*
- expressions of time and frequency: ***Ab und zu** arbeite ich im Garten.*
- intensifiers: *Ich finde das **ganz** anstrengend.*

32 zweiunddreißig

2 Mein Zuhause

✏️ Schreiben

3 Write three true/false questions about Milo's daily routine in English for your partner to answer.

🎁 Extra

Rewrite Milo's daily routine in activity 1 in the third person form: use *er* (he) and *sie* (they). Remember to also change *mein* to *sein*.

🎧 Hören

4 〰️ Listen to the people (1–5) answering the questions: *Wie ist deine Alltagsroutine? Wie hilfst du zu Hause?* Which activity do they <u>not</u> mention?

1. ironing | cleaning | gardening
2. washing up | drying up | cleaning
3. laying the table | cleaning | washing up
4. vacuuming | ironing | cleaning the toilet
5. gardening | vacuuming | laying the table

Aa Grammatik   p.44; WB p.15

Separable verbs in the present tense

Separable verbs are made up of two parts: a **prefix** and a verb.

abwaschen (to wash up)
aufstehen (to get up)
vorbereiten (to prepare)

To use separable verbs in the present tense:
- take off the prefix
- conjugate the verb as usual
- put the prefix at the end of the clause.

Ich **wasche** *ab*.
Milo **steht** *um sechs Uhr* **auf**.
Wir **bereiten** *das Abendessen* **vor**.

💬 Sprechen

5 👥 Macht eine Klassenumfrage: „Wie hilfst du zu Hause?"

abwaschen	|||
bügeln		

📖 Lesen

6 Wer sagt das: Aschenputtel (A) oder eine Aschenputtels Schwestern (S)?

a Jeden Tag decke ich den Tisch und räume den Tisch ab.
b Ich wasche oder trockne nie ab.
c Ich putze selten und ich sauge nie Staub.
d Zweimal pro Tag putze ich das Badezimmer, denn meine Schwestern sind faul und nicht sehr ordentlich.
e Ich decke nie den Tisch und ich räume nicht auf.
f Einmal pro Woche putze ich das Schlafzimmer.
g Kurz gesagt, ich mache gar nichts zu Hause.
h Kurz gesagt, ich mache alles zu Hause.

✏️ Schreiben

7 Beschreib deine Alltagsroutine.

Beispiel: Jeden Tag…
Zuerst…, dann…, danach…, später…, endlich…
Das finde ich…

dreiunddreißig 33

2.2 Wie komme ich zu...?

Objectives
- Saying what there is in town and giving directions
- Using *es gibt* with the accusative case
- Taking part in a role play

Schreiben

1 Schreib den richtigen Artikel (,der', ,die' oder ,das') für die Vokabeln auf.

Beispiel: das Museum – die Museen

Singular	Plural	Singular	Plural
_____ Museum	die Museen	_____ Park	die Parks
_____ Café	die Cafés	_____ Kirche	die Kirchen
_____ Restaurant	die Restaurants	_____ Moschee	die Moscheen
_____ Hotel	die Hotels	_____ Synagoge	die Synagogen
_____ Geschäft	die Geschäfte	_____ Hochhaus	die Hochhäuser
_____ Flughafen	die Flughäfen	_____ Bushaltestelle	die Bushaltestellen
_____ Kino	die Kinos	_____ Bahnhof	die Bahnhöfe

Hören

2 Hör zu. Ist alles richtig?

3 Listen to Nesrin talking about her city, Frankfurt. Which landmark in Frankfurt does she **not** mention?

a museum
b café
c shops
d hotel
e park
f mosque

Grammatik   p.44; WB p.17

Using *es gibt* with the accusative case

The phrase *es gibt* means 'there is' or 'there are'.

Note that *es gibt* is followed by the accusative case. Remember that the masculine word for 'a' changes in the accusative case.

m	Es gibt	ein**en**/kein**en**	Bahnhof.
f	Es gibt	eine/keine	Moschee.
n	Es gibt	ein/kein	Hotel.
pl	Es gibt	(–)/keine	Museen.

Lesen

4 Emilia besucht Nesrin. Was gibt es noch (*What else is there*) in Frankfurt? Lies Emilias Nachricht und wähl die richtige Antwort.

> Nun, es gibt einen Flughafen. Das weiß ich schon, weil ich dorthin fliege. Ja, Flughafen Frankfurt am Main. Der Main ist der Fluss in Frankfurt, oder? Dann gibt es einen Busbahnhof. Ich fahre mit dem Bus vom Flughafen zum Busbahnhof.
>
> Es gibt eine Imbissbude im Busbahnhof. Wir können uns dort treffen und einen Snack essen.

a Emilia **fährt mit dem Bus/fährt mit dem Zug/fliegt mit dem Flugzeug** nach Frankfurt.

b Es gibt **einen Flughafen/keinen Flughafen/zwei Flughäfen** in Frankfurt.

c Der Fluss in Frankfurt heißt **der Rhein/der Main/die Donau**.

d Im Busbahnhof gibt es **eine Moschee/ein Café/ein Kino**.

vierunddreißig

2 Mein Zuhause

✏️ Schreiben

5 Was gibt es in deiner Stadt? Schreib einen Blogeintrag.

Beispiel: Es gibt einen/eine/ein/viele... Man kann dort... Es gibt auch...
Das gefällt mir./Ich finde.../Ich mag...

🎧 Hören

6 Hör zu (1–5). Wohin gehen sie und wie kommt man am besten dorthin? (*Where are they going and what's the best way there?*) Schreib die richtigen Buchstaben (a–m) auf.

Beispiel: **1** b, h, k

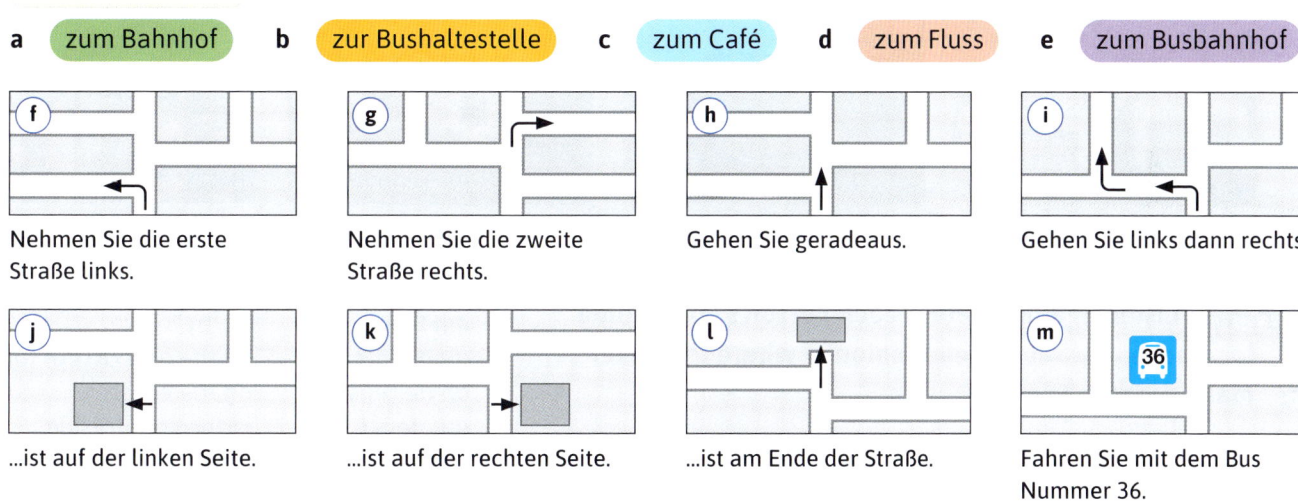

| a | zum Bahnhof | b | zur Bushaltestelle | c | zum Café | d | zum Fluss | e | zum Busbahnhof |

f — Nehmen Sie die erste Straße links.
g — Nehmen Sie die zweite Straße rechts.
h — Gehen Sie geradeaus.
i — Gehen Sie links dann rechts.
j — ...ist auf der linken Seite.
k — ...ist auf der rechten Seite.
l — ...ist am Ende der Straße.
m — Fahren Sie mit dem Bus Nummer 36.

Nehmen Sie... — Take...
Gehen Sie... — Go...
Fahren Sie... — Travel...

🧩 Sprachmuster

The articles *der*, *die* and *das* change after the preposition *zu* (to).

der → zu + dem   die → zu + der   das → zu + dem

German then shortens these as follows:

zu + dem → **zum**   zu + der → **zur**

💬 Sprechen

7 👥 Macht Rollenspiele. Partner A beginnt. Dann tauscht die Rollen.

- **A** Greet a stranger.
- **B** Return the greeting.
- **A** Ask how to get to a place in town. (*Wie komme ich zum/zur...?*)
- **B** Give a direction. (**two** details from activity 6)
- **A** Ask for it to be repeated.
- **B** Repeat the direction.
- **A** Say 'thank you'.
- **B** Say 'you're welcome'.

⚙️ Strategie

Taking part in a role play

- Take time to prepare your section in a role play. Which key words and phrases do you need?
- Start with an appropriate greeting: *Hallo!/Guten Morgen./Guten Tag.*
- Think about which 'you' form is most appropriate for the scenario: *du* or *Sie*?
- If you don't know a word, try to say it in a different way.
- If you don't understand, ask the person to say it again: *Wie bitte? Ich verstehe nicht.*

fünfunddreißig **35**

2.3 Bei uns

Objectives
- Talking about where you live and where you lived before
- Using the present, perfect and imperfect tenses together
- Varying your language

🎧 Hören

1 〰️ Hör zu. In welcher Art von Zuhause wohnen sie (1–6)? (*In what type of home do they live?*) Schreib die richtigen Buchstaben (a–f) auf.

Beispiel: **1** b

das Reihenhaus

das Hausboot

das Einfamilienhaus

das Wohnmobil

das Doppelhaus

die Wohnung

2 〰️ Listen again. Where is each person's (1–6) home located, and what is their opinion of where they live? Make notes in English.

Example: **1** on/by a lake – great

am See	on/by a lake
am Stadtrand	on the outskirts of town
an der Küste	on the coast
auf dem Land	in the countryside
in den Bergen	in the mountains
in der Stadt	in town/the city
in einem Dorf	in a village

💬 Sprechen

3 👥 Würfelspiel! Werft den Würfel zweimal. (*Dice game! Throw the die twice.*) Benutzt die Wörter aus Aktivität 1 (a–f).

Beispiel: ⚁ + ⚂

Du wohnst in einem Einfamilienhaus.

🧩 Sprachmuster

When you use the preposition *in* to describe the position of something, the word for 'a' changes.

Ich wohne...
- der Bus (m) → in **einem** Bus.
- die Wohnung (f) → in **einer** Wohnung.
- das Haus (n) → in **einem** Haus.

	erster Wurf	zweiter Wurf
⚀	ich	a
⚁	du	b
⚂	er/sie	c
⚃	wir	d
⚄	Sie	e
⚅	sie	f

🎁 Extra

At the end of your sentence in activity 3, add an appropriate location for the house from the phrases in the box in activity 2:

*Er wohnt in einem Einfamilienhaus **auf dem Land**.*

Lesen

4 Read the blog posts. Copy and complete the table in English.

Name	Lives (type of house and place)	Opinion	Used to live (type of house and place)	Opinion

Südburgenland
Ich wohne in einem Schloss, im Schloss Bernstein in Österreich! Das finde ich so romantisch. <u>Früher habe ich in einem Einfamilienhaus am Stadtrand gewohnt.</u> Es gab ganz viel zu tun. Ich habe total gern dort gewohnt, aber das Schloss ist besser, weil es mehr Zimmer hat! Echt cool!
Omar

Zürich
Ich wohne in einer Wohnung in einem Wohnblock in der Stadt. Wir wohnen im zweiten Stock. <u>Ich wohne total gern hier, weil es interessant ist.</u> Es gibt so viel zu tun und ich finde das cool! Früher habe ich in einem Doppelhaus auf dem Land gewohnt. <u>Das fand ich ganz schön und es gab viele Tiere.</u> Aber es war viel zu ruhig!
Lily

Bodensee
Ich wohne auf einem Hausboot am Bodensee mit meiner Familie. <u>Das finde ich perfekt, denn es ist ganz idyllisch.</u> Früher haben wir in einem Einfamilienhaus in den Bergen gewohnt. Das fand ich auch interessant, weil die Berge so schön waren.
Zacharie

Bodensee — Lake Constance

Grammatik — WB p.19

Using the present, perfect and imperfect tenses together

When talking about the past, most verbs can be used in the perfect tense.

Present tense	Perfect tense
Ich wohne…	Ich habe … gewohnt.
Ich lebe…	Ich habe … gelebt.

But some verbs are more often used in the imperfect tense.

Present tense	Imperfect tense
Ich finde…	Ich fand…
Es ist…	Es war…
Es gibt…	Es gab…

Ich **wohne** in einer Wohnung in der Stadt. Ich **finde** es laut.

Früher **habe** ich auf dem Land **gewohnt**. Das **fand** ich ruhig.

Übersetzen

5 Translate the <u>underlined</u> sentences in the blog posts into English.

Schreiben

6 Herzlichen Glückwunsch! Du hast in der Lotterie gewonnen! Beschreib dein neues Haus und dein früheres Haus.

- Ich wohne/lebe in…
- Ich wohne (nicht) gern hier, denn…
- Ich finde das…
- Früher habe ich … gewohnt.
- Das fand ich …, weil…

Strategie

Varying your language

Find different ways of saying the same thing, so you don't have to use the same words all the time.

You can vary:
- verbs: *wohnen, leben*
- adjectives: *schön, attraktiv, cool*
- intensifiers: *sehr, ganz, gar nicht, total*
- conjunctions: *und, aber, denn, oder, weil*
- tenses: *ich finde/ich fand, ich wohne/ich habe … gewohnt.*

siebenunddreißig

2.4 Mein Schlafzimmer

Objectives
- Talking about your bedroom
- Using prepositions with the dative case
- Using grammar you already know

📖 Lesen

1 **Was passt zusammen? Verbinde die Sätze (1–8) mit den Möbeln (*furniture*) (a–h).**

Beispiel: **1** d

Hey Leute. Ich bin Grete. Herzlich Willkommen **in meinem Schlafzimmer**! Ich habe ein paar Ideen, wie man sein Zimmer schön machen kann!

1. **Neben der Tür** ist meine Kommode und **auf der Kommode** steht eine coole Lampe mit Federn.

2. Der Teppich **hinter dem Schreibtisch** ist ganz bunt. Das gefällt mir.

3. Wir haben Pompons **auf dem Fernseher**! Sie sind so hübsch!

4. Hier gibt es den Kleiderschrank, und **über dem Kleiderschrank** hängt eine Lichterkette.

5. **Vor dem Kleiderschrank** habe ich meinen Sessel. Der Sessel ist wirklich bequem!

6. Hier ist mein Schreibtisch mit meinem Computer. Natürlich gibt's auch einen Stuhl.

7. Hier ist mein Bett. Ich liebe mein Bett!

8. Was noch? Ich habe Kerzen gekauft und die Pompons habe ich auf dem Flohmarkt gefunden.

Ich mag mein Zimmer so sehr. Vorher war es langweilig, aber jetzt finde ich es total gemütlich! Bis bald!

| Federn (pl) | feathers |

🎧 Hören

2 〰️ **Hör zu. Bring die Texte aus Aktivität 1 (1–8) in die richtige Reihenfolge.**

Beispiel: 3, …

💬 Sprechen

3 👥 **„Wie findest du…?" Macht sechs Dialoge.**

Ich persönlich finde	**den** Computer **den** Fernseher **den** Kleiderschrank **den** Schreibtisch **den** Sessel **den** Teppich **die** Kommode **die** Lampe **die** Lichterkette **die** Tür **das** Bett **das** Schlafzimmer **die** Kerzen **die** Pompons	sehr wirklich echt zu gar nicht	chaotisch. gemütlich. hübsch. ordentlich. organisiert. perfekt. praktisch. schön.

38 achtunddreißig

2 Mein Zuhause

Übersetzen

4 Übersetz die Sätze ins Deutsche.

a The bed is next to the door.
b The armchair is in front of the bed.
c The pompoms are above the bed.
d The computer is on the desk.
e The chest of drawers is next to the wardrobe in the bedroom.

Sprachmuster

Note that *in* + *dem* becomes **im**:
Es gibt 775 Zimmer **im** Buckingham-Palast.

Grammatik p.45; WB p.21

Prepositions with the dative case

Prepositions of place ('on', 'in front of', 'behind', etc.) show the relationship between two objects.

Prepositions of place	
auf	on
hinter	behind
in	in
neben	next to
über	above
vor	in front of

After common prepositions of place use the **dative** case to show position. The words 'a' and 'the' change in the dative case:

der Sessel (m) → auf **dem** Sessel
die Tür (f) → hinter **der** Tür
das Bett (n) → neben **dem** Bett

Lesen

5 Füll die Lücken mit den richtigen Wörtern aus.

Schreibtisch   dem   Computer   Bett   der   Teppich   Kommode   dem

Hey Leute! Ich bin Maximilian. Ich zeige euch heute mein Zimmer!

Hinter **1** _____ Tür ist mein **2** _____ – ich kann hier so gut schlafen.

In meinem Zimmer habe ich einen **3** _____ – ich kann hier basteln. Auf dem Schreibtisch habe ich meinen **4** _____. Ganz ordentlich.

Neben **5** _____ Fenster ist meine **6** _____ mit meinen Klamotten. Alles ist ganz praktisch.

Über **7** _____ Bett habe ich meine Lieblingsbücher. Ich habe alles organisiert.

Der **8** _____ auf dem Boden ist sehr cool.

Und du? Wie ist dein Schlafzimmer?

die Klamotten — clothes (colloquial)
der Boden — floor

Sprechen

6 Beschreib dein Schlafzimmer.

Beispiel: Hey Leute! Ich bin…
Ich zeige euch heute mein Zimmer!
In meinem Zimmer habe ich…
Neben/Über/Vor … habe ich/gibt es…
Ich persönlich finde es…

Strategie

Using grammar you already know

Writing and speaking activities are the perfect place to apply the grammar you have already learnt to new topics.

Try to use the following in the description of your room:
- a different tense (*Früher gab es in meinem Zimmer…*)
- adjectives
- sequencers and intensifiers
- what you would like in your room (*Ich möchte…*)
- the 'verb-second' rule
- conjunctions (*und, aber, denn, oder, weil*).

neununddreißig

2.5 Mein zukünftiges Zuhause

Objectives
- Talking about your future home
- Using the future tense with *werden*
- Using three time frames

📖 Lesen

1 〰️ Hör zu und lies. Wer wird hier wohnen? Schreib den richtigen Namen.

Ich werde in einem Reihenhaus in der Stadt wohnen. Mein Reihenhaus wird charmant sein. **Adnan**

Ich werde in einer modernen Wohnung wohnen. Meine Wohnung wird schön möbliert sein. **Sascha**

Ich werde in einem großen Einfamilienhaus in einem Dorf wohnen. Mein Haus wird perfekt sein. **Achim**

Ich werde in einem Doppelhaus am Stadtrand leben. Ich werde viele Haustiere haben, denn ich mag Tiere so gern. **Rolf**

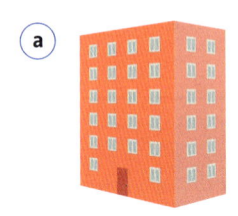

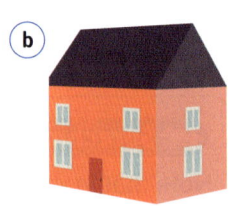

a b c d

🎧 Hören

2 〰️ Listen to the people (1–4) talking about where they will live in the future. Copy and complete the table in English.

	Where will they live?	What will it be like?	What will they have?
1			
2			
3			
4			

schön möbliert   beautifully furnished

Aa Grammatik   p.45; WB p.23

The future tense with *werden*

Use the future tense to talk about what you 'will do' or 'are going to do'.

To form the future tense in German, use the correct form of the auxiliary verb *werden* plus a second verb in the infinitive. The infinitive goes to the end of the clause.

Subject	Auxiliary verb (*werden*)	Infinitive
ich	werde	
du	wirst	
er/sie/es	wird	wohnen
wir	werden	
ihr	werdet	
sie/Sie	werden	

💬 Sprechen

3 👥 „Wo wirst du in der Zukunft wohnen?" Macht Dialoge.

| Ich werde (in der Zukunft) | in einem Einfamilienhaus
in einem Doppelhaus
in einem Reihenhaus
in einer Wohnung
auf einem Hausboot
in einem Wohnmobil | in der Stadt
am Stadtrand
in einem Dorf
auf dem Land
in den Bergen
am See | wohnen. |

🎁 Extra

Add more details:

Es wird perfekt/charmant/ schön möbliert sein.

Ich werde viele Tiere/ Zimmer haben.

40 vierzig

2 Mein Zuhause

📖 Lesen

4 Was passt zusammen? Verbinde die Hashtags (1–4) mit den Tweets (a–d).

1 #Pflanzen sind wichtig 2 #Traumhaus 3 #Fledermausleben 4 #Tinyhaus/Tinyschiff

a <u>Früher habe ich auf einem kleinen Hausboot am See gewohnt.</u> Jetzt wohne ich in einer Wohnung am Stadtrand, aber in der Zukunft werde ich in einem Wohnmobil in den Bergen leben. Das wird Spaß machen.
💬 1 🔁 1 ♥ 4 ⬆

b Früher habe ich auf einem Bauernhof gelebt. Heute wohne ich in einem modernen Wohnblock. Es gibt eine Dachterrasse, aber sie ist sehr klein. <u>In der Zukunft werde ich einen großen Garten haben.</u> Gemüse und Blumen wird es geben.
💬 4 🔁 0 ♥ 6 ⬆

c Früher habe ich in einem Bus gewohnt. <u>Heute wohne ich in einem Reihenhaus und in der Zukunft werde ich in einem Schloss an der Küste wohnen.</u> Es wird viele Zimmer geben und es wird ganz perfekt sein!
💬 6 🔁 2 ♥ 1 ⬆

d Ich heiße Finja. Früher habe ich in einer Höhle gewohnt. Jetzt wohne ich in einer Höhle. Ich werde immer in einer Höhle wohnen und so ist das Leben!
💬 2 🔁 2 ♥ 0 ⬆

5 Read the tweets again. Copy and complete the table with the correct tenses in German.

> die Fledermaus — bat
> der Bauernhof — farm
> die Höhle — cave

Infinitive	Perfect (past)	Present	Future
wohnen		ich wohne	
leben		ich lebe	

🔄 Übersetzen

6 Translate the <u>underlined</u> sentences in the tweets into English.

⚙ Strategie

Using three time frames

Notice how different tenses are used together very simply in the tweets in activity 4.

Show that you can use three different time frames by using the past, present and future tenses.

Perfect (past): *Früher habe ich … gewohnt.*
Present: *Heute wohne ich…*
Future: *In der Zukunft werde ich … wohnen.*

✏ Schreiben

7 Beschreib dein Traumhaus der Zukunft. Schreib einen Beitrag (*contribution*) zu einem Forum.

- Say where you have lived and where you live now.
- Say where you will live in the future.
- Say what your home will be like.
- Give your opinion of what it will be like.

⚠ Achtung!

Use the nominative case for the <u>subject</u> of a verb (*Mein Garten wird charmant sein*).

Use the accusative case for the <u>object</u> of a verb, including after *es gibt* or *es wird … geben* (*Es gibt kein**en** Garten.*).

einundvierzig

2 Kultur

Moderne Möbel und das Bauhaus

🎧 Hören

1 🎵 Hör zu. Verbinde die Beschreibungen (1–3) mit den Bildern (a–c).

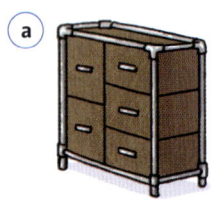

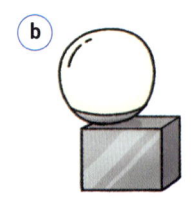

a) die Kommode
b) die Lampe
c) der Teppich

die geometrische Form	geometrical shape
das Dreieck	triangle
das Quadrat	square
der Kreis	circle
das Stahlrohr	tubular steel
das Leder	leather

2 🎵 Hör noch einmal zu. Sind die Meinungen (1–3) positiv (P) oder negativ (N)?

💬 Sprechen

3 👥 Macht Dialoge.

Beispiel:
- Wie findest du den Teppich?
- Ich mag den Teppich, weil ich die Form sehr schön und auch praktisch finde. Wie findest du...?

💡 **Tipp**
Make your answers as long as you can! Use the opinions from activtity 2 for your answers, as well as those in the box.

Ich mag (nicht)	den Teppich, die Kommode, die Lampe,	weil ich	die Form das Material die Farben	sehr gar nicht zu	schön geometrisch attraktiv modern praktisch funktional	finde.

🎧 Hören

4 🎵 Hör zu. Schreib die Tabelle ab und füll sie aus.

Designer	Marcel Breuer
Farbe	
Wann entworfen?	
Materialien	

der Clubsessel B3 ‚Wassily Chair'

entworfen — designed (perfect tense of *entwerfen*)

42 zweiundvierzig

2 Mein Zuhause

📖 Lesen

5 Lies den Artikel über das Bauhaus und finde die passenden Ausdrücke (a–g) auf Deutsch.

Viel Glas, viel Beton und an der Hauswand steht in großen Buchstaben: BAUHAUS.

Das Bauhausgebäude in Dessau ist heute ein Museum.

Hier wurde vor hundert Jahren ein neuer Stil erfunden.

Walter Gropius hat eine Kunstschule gegründet.

Er wollte schöne aber praktische Kunstobjekte machen. Er folgte dem Grundsatz: *Form follows function* – die Form folgt der Funktion.

Heute sind Bauhausmöbel Kultobjekte. Weltweit spielt der Bauhausstil eine große Rolle, ob in Architektur oder Design.

Name: Walter Gropius
Geburtstag: 18. Mai 1883
Beruf: Architekt
Bekannt für: das Bauhaus

a a lot of glass, a lot of concrete
b in big letters
c the Bauhaus building
d is a museum today
e founded an art school
f Bauhaus furniture pieces are cult objects today.
g worldwide

6 Read the article again. Are the statements true (T) or false (F)?

a Two hundred years ago a new style was invented.
b Walter Gropius founded a sports school.
c He wanted his art objects to be functional as well as beautiful.
d Even today, Bauhaus plays a role in architecture and design.
e Walter Gropius was a carpenter.

💡 Tipp

Here are some Bauhaus designers you could find out more about for activity 7:

Peter Keler
Marcel Breuer
Marianne Brandt
Josef Albers
Gunta Stölzl
Wilhelm Wagenfeld
Anni Albers

You don't have to stick to the furniture vocab you've learnt in the unit. Write about a piece you like and look up its name and gender if you need to.

✏️ Schreiben

7 Präsentiere ein modernes Möbelstück oder ein Bauhaus-Objekt. Such im Internet Informationen über das Objekt und den Designer/die Designerin. Mach Notizen und schreib eine kurze Beschreibung.

Designer: _____
Objekt: _____
Farben: _____
Materialien: _____
Stil: _____
Wann entworfen? _____

- Dieses Objekt ist sehr bekannt.
- Das ist ein/eine/ein … aus … und die Farben sind…
- Der Stil ist…
- Es wurde im Jahr … von … entworfen.
- Ich finde dieses Objekt…, weil…

dreiundvierzig **43**

2 Sprachlabor

Separable verbs in the present tense

Separable verbs have a **prefix**. In the infinitive, the prefix is joined on to the verb:

abwaschen (to wash up) **aus**gehen (to go out)
abtrocknen (to dry up) **fern**sehen (to watch TV)
anrufen (to call on the phone) **vor**bereiten (to prepare)
aufräumen (to tidy up) **vor**stellen (to introduce)
aufstehen (to get up) **zu**machen (to close)

In the present tense, the prefix separates from the verb and goes to the end of the clause:

- Ich **wasche** jeden Abend **ab**.

1 Put the words in the correct order. Start each sentence with the word in bold.

a jeden Tag trockne ab **Ich**.
b auf **Meine** Mutter mein Zimmer räumt.
c **Ich** ab wasche nicht gern.
d steht auf um sechs Uhr **Mein** Vater.
e aus **Ich** gehe mit Freunden meinen.
f **Wir** fern im Wohnzimmer sehen.

2 Complete the sentences with the correct separable prefix.

a Mein Bruder trocknet ____.
b Ich mache meine Zimmertür nie ____.
c Abends rufe ich meine Freunde ____.
d Nach der Schule sehe ich ____.

3 Write <u>four</u> sentences to say who does each of these chores in your home.

- abwaschen
- abtrocknen
- mein Zimmer aufräumen
- das Abendessen vorbereiten

Using *es gibt* with the accusative case

The phrase *es gibt* means 'there is/are', and *es gab* means 'there was/were' or 'there used to be'. Both *es gibt* and *es gab* are followed by the accusative case.

In the accusative case, the masculine word for 'a' (the indefinite article *ein*) or 'no/not any' (the negative article *kein*) changes. The other genders stay the same.

	Nominative	Accusative
m	ein/kein	ein**en**/kein**en**
f	eine/keine	eine/keine
n	ein/kein	ein/kein
pl	–/keine	–/keine

- Es gibt **einen** Park aber **keine** Kirche.

4 Complete the sentences with *einen*, *eine* or *ein*.

a Es gibt _____ Bahnhof. (m)
b Es gibt _____ Schule. (f)
c Es gibt _____ Museum. (n)
d Es gab _____ Kino. (n)
e Es gab _____ Park. (m)
f Es gab _____ Moschee. (f)

5 Translate the sentences into German. Check the gender or plural form of the noun if you need to.

a There is a café.
b There is no zoo.
c There is a bus stop.
d There were a lot of churches.
e There used to be a park.
f There was no airport.

44 vierundvierzig

2 Mein Zuhause

Prepositions with the dative case

The dative case is used after the following prepositions when the sentence is communicating the position of something:

- *auf* (on), *hinter* (behind), *in* (in), *neben* (next to), *über* (above), *vor* (in front of)

The indefinite article (a/an), the definite article (the) and the negative article *kein* (no/not any) change in the dative case as follows:

	a/an	the	no/not any
m	einem	dem	keinem
f	einer	der	keiner
n	einem	dem	keinem
pl	–	den	keinen

- Ich wohne in ein**em** Hausboot.
- Wohnst du in ein**er** Wohnung?
- Mein Kleiderschrank ist neben **der** Tür.
- Meine Kommode steht vor **dem** Fenster.

Remember: *in* + *dem* → **im**

6 Complete the sentences with the correct <u>indefinite</u> article.

a Ich wohne in _____ Stadt in Norddeutschland.
b Wir wohnen in _____ Dorf in den Alpen.
c Mein Opa wohnt in _____ Einfamilienhaus.

7 Complete the sentences with the correct <u>definite</u> article.

a Neben _____ Kommode gibt es einen Schreibtisch.
b Über _____ Bett habe ich ein Poster.
c Auf _____ Schreibtisch steht mein Computer.
d _____ Kleiderschrank habe ich meine Klamotten. (*in* + definite article)

The future tense with *werden*

The future tense is formed using the present tense of *werden* and an infinitive at the end of the sentence.

ich	werde	
du	wirst	
er/sie/es	wird	+ infinitive
wir	werden	
ihr	werdet	
sie/Sie	werden	

- Ich **werde** in Spanien **wohnen**.

8 Complete the sentences with the correct form of *werden*. Then translate the sentences into English.

a Ich _____ in der Schweiz wohnen.
b Wo _____ du wohnen?
c Mein Haus _____ einen großen Garten haben.
d Ihr _____ in einem Bungalow wohnen.
e Wir _____ ein neues Sofa kaufen.

9 Rewrite the sentences in the future tense.

Example: **a** Ich werde in einem Hochhaus wohnen.

a Ich wohne in einem Hochhaus.
b Mein Haus hat einen Balkon.
c Mein Vater kauft einen neuen Computer.
d Meine Freunde wohnen an der Küste.

Aussprache: o and ö

In German, an umlaut changes the sound of a vowel. When 'o' gains an umlaut, the 'ö' sound is like the 'ur' in 'fur'.

10 🎵 👥 Listen and repeat. Then practise with your partner.

Person   persönlich   Kommode   möbliert
schön   Kino   Synagoge   Französisch

11 🎵 Practise saying the tongue twister.

Am Montag sehen Oswald und Mona eine schöne romantische Komödie im Kino.

2 Was kann ich schon?

📖 Lesen

1 Was passt zusammen? Verbinde die Fragen (1–10) mit den Antworten (a–j).

1. Wo wohnst du?
2. Wie findest du deine Stadt?
3. Was gibt es in deiner Stadt?
4. Was gibt es in deinem Zimmer?
5. Wie hilfst du zu Hause?
6. Wie komme ich zum Bahnhof?
7. Wo wirst du in der Zukunft wohnen?
8. Wo hast du früher gewohnt?
9. Wie viele Zimmer gab es in deinem Haus?
10. Wo wohnen deine Großeltern?

a. Es gibt ein Bett und einen Kleiderschrank.
b. Ich wasche ab und trockne ab.
c. Ich werde in Berlin wohnen.
d. Es gibt einen Park und viele Cafés.
e. Es gab fünf Zimmer.
f. Total schön.
g. Ich habe in einem Dorf gewohnt.
h. Nehmen Sie die erste Straße links.
i. Sie wohnen in den Bergen.
j. Ich wohne in Basel, in der Schweiz.

✓ 10

2 Füll die Lücken aus.

Garten   Stadt   Deutschland   der   werde
Küste   schön   wohne   Zoo   ein

Hi! Willkommen in meiner **1** _____! Ich wohne in Rostock. Das ist an der **2** _____, im Nordosten von **3** _____. Meine Stadt ist echt **4** _____. In meiner Stadt gibt es **5** _____ Kino, viele Geschäfte und einen Park. Am Wochenende gehe ich gern in den **6** _____. Ich **7** _____ in einem Hochhaus in **8** _____ Stadtmitte. In der Zukunft **9** _____ ich in einem Einfamilienhaus wohnen, weil ich einen **10** _____ haben möchte.

✓ 10

Max. ✓ 20 Punkte

🎧 Hören

3 〰 Hör zu. Notiere die Meinung (1–5): positiv (P), negativ (N) oder beides (P+N).

✓ 5

4 〰 Listen to Bilal talking about his present, past and future homes. For each home, write the location, his opinion and any details about the home in English. Include **two** details about his present home.

Example: **Present:** location – village in...

✓ 10

5 〰 Hör zu (1–5) und schreib die richtigen Buchstaben (a–e) auf. Beginne am Pfeil. (*Start at the arrow.*)

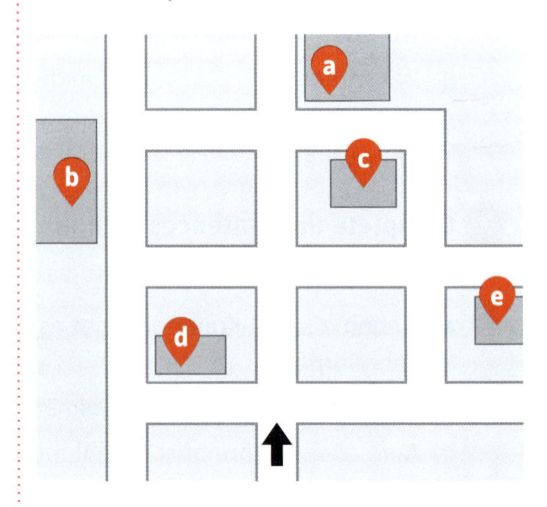

✓ 5

Max. ✓ 20 Punkte

2 Mein Zuhause

✏️ Schreiben

6 Beschreib das Bild. Schreib <u>fünf</u> Sätze.

7 Übersetz die Sätze ins Deutsche.

a I like living in Berlin because there are many shops and cafés.
b We live in a big flat, but we don't have a garden.
c Previously, I lived in the countryside, but I found it boring.
d Every day I lay the table and I wash up.
e Next week I will buy a lamp.

✓ 10

Max. ✓ 20 Punkte

> 💡 **Tipp**
> Remember that *in dem* can be shortened to *im*.

✓ 10

Deine Resultate

Wie viele Punkte hast du für Lesen, Hören und Schreiben?

Notiere deine Punktezahl.

bis zu 6 Punkten	Gut gemacht! Mach die Bronze-Aktivität auf der nächsten Seite.	BRONZE ✓
7–12 Punkte	Prima! Mach die Silber-Aktivität auf der nächsten Seite.	SILBER ✓
13–20 Punkte	Fantastisch! Mach die Gold-Aktivität auf der nächsten Seite.	GOLD ✓

siebenundvierzig

2 Vorankommen!

Bronze

1 **Choose the correct answer to complete each sentence.**

a Ich wohne in **einen/einer/eine** Stadt in Norddeutschland.
b In meiner Stadt gibt es **ein/einen/einem** Park und viele Geschäfte.
c Auf meinem **Fenster/Bett/Schreibtisch** gibt es eine Lampe und viele Bücher.
d Jeden Tag putze ich und **decke/wasche/bügle** den Tisch.
e **Heute/Nächstes Jahr/Früher** habe ich in einem Hochhaus gewohnt.
f Es gefällt mir dort, weil es so **langweilig/grün/laut** ist.

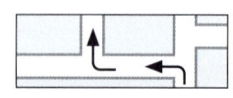

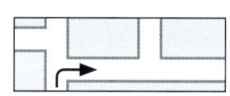

2 **Listen to the people (1–5) asking for directions. Choose the correct place (a–d) and route (e–h).**

a church
b museum
c train station
d park

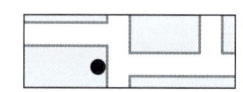

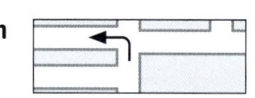

3 **Write sentences in German using the words.**

Example: werde ... wohnen *Ich* **werde** *in Deutschland* **wohnen**.

a Stadt
b mein Zimmer
c habe ... gewohnt
d kein Kino
e Küche

Silber

4 **Read about Oliver's home now and in the past. Complete the sentences in English.**

Ich wohne seit zwei Jahren in einem Wohnmobil. Manchmal wohne ich an der Küste und manchmal in den Bergen. Mein Schlafzimmer ist auch mein Wohnzimmer und Esszimmer. Mein Zuhause ist klein aber sehr bequem.

Früher habe ich in einem schönen Doppelhaus gewohnt, aber ich fand mein Leben nicht interessant. Jetzt mache ich, was ich will und wann ich will. Das ist viel besser!

a For two years I have been living in a _____.
b Sometimes I live _____ and sometimes _____.
c My bedroom is also my _____ and _____.
d My home is small but _____.
e I used to live in a _____.
f Life is better now because _____.

5 **Listen to Ralf talking about his family's spring clean and the tasks for Ralf, his brother, his father and his mother. Copy and complete the table in English.**

Person	Place	Activity

6 **Schreib fünf Sätze über deine Zukunftspläne. Benutz die Wörter und schreib längere Sätze mit ‚weil'. Write five sentences about your future plans. Use the words and write longer sentences with weil.**

Beispiel: Rockstar *Ich werde Rockstar sein, weil ich Musik liebe.*

Schloss   Hund   an der Küste
nie Staub saugen   Schlafzimmer, rosa

2 Mein Zuhause

Gold

7 📖 **Lies den Text. Richtig (R), falsch (F) oder nicht im Text (NT)?**

Hallo! Ich wohne in Wien und hier gibt es ein ganz besonderes Haus: das Hundertwasserhaus. Friedensreich Hundertwasser war ein Maler und hat von 1928 bis 2000 gelebt. Die Architekten Josef Krawina und Peter Pelikan haben Hundertwasser bei dem Projekt geholfen. Das Haus ist so toll, weil es total bunt ist.

Im Hundertwasserhaus gibt es 53 Wohnungen, einige Geschäfte und Restaurants und 16 Terrassen. Es gibt Gras und Pflanzen auf dem Haus, weil Hundertwasser ein „Haus für Menschen und Bäume" wollte. Das finde ich besonders interessant. Jedes Jahr kommen viele Touristen – sie machen immer viele Fotos.

Gehen Sie vom Hundertwasserhaus aus nach links, geradeaus und über drei Kreuzungen, dann finden Sie das Museum Hundertwasser. Hier kann man viel über den Künstler und seine Ideen lernen.

- a Friedensreich Hundertwasser war ein Musiker.
- b Das Hundertwasserhaus liegt in Berlin.
- c Das Haus hat viele Farben.
- d Es gibt ein Kino im Haus.
- e Die Wohnungen sind schön und teuer.
- f Hundertwasser wollte ein Haus, das Natur und Mensch zusammen bringt.
- g Das Haus ist eine Touristenattraktion und kein Wohnhaus.
- h Nicht weit von dem Haus gibt es ein Museum über Hundertwasser.

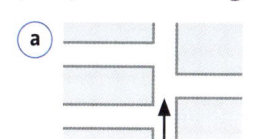

8 🎧 **Hör zu. Lara war letztes Wochenende in Basel. Bring die Bilder (a–h) in die richtige Reihenfolge.**

a, b, c, d, e, f, g, h

🎁 Extra

Opinion words are very important. Listen to Lara again and note all the opinion words that you hear, with any intensifiers. Then translate the words and phrases into English.

9 ✏️ **Schreib einen Text (zirka 80 Wörter) zum Thema „Mein Zuhause".**

- Beschreib dein Zimmer. Magst du dein Zimmer?
- Wie hilfst du zu Hause? Wie findest du das?
- Wo hast du früher gewohnt?
- Wo wirst du in der Zukunft wohnen? Warum?

2 Vokabeln

2.1 Wie ist deine Alltagsroutine?
What is your daily routine?

abtrocknen	to dry
abwaschen	to wash up
im Garten arbeiten	to do gardening
aufräumen	to clear/tidy up
aufstehen	to get up
bügeln	to iron
den Tisch decken	to lay the table
zu Hause helfen	to help out at home
das Bett machen	to make the bed
putzen	to clean
Staub saugen	to vacuum
vorbereiten	to prepare
das Bad/Badezimmer	bathroom
das Esszimmer	dining room
der Garten	garden
die Küche	kitchen
das Schlafzimmer	bedroom
die Toilette	toilet

2.2 Wie komme ich zu...?
How do I get to...?

Was gibt es in der Stadt?	What is there in the town?
Es gibt...	There is/are...
Man kann dort...	You can ... there.
der Bahnhof	railway station
der Busbahnhof	bus station
die Bushaltestelle	bus stop
das Café	café
der Flughafen	airport
der Fluss	river
das Geschäft	shop
das Hochhaus	skyscraper, high-rise building
das Hotel	hotel
die Imbissbude	takeaway, snack stand
das Kino	cinema
die Kirche	church
die Moschee	mosque
das Museum	museum
der Park	park
das Restaurant	restaurant
die Synagoge	synagogue
Wie komme ich am besten zum/zur...?	What's the best way to get to the...?
Es ist auf der linken Seite.	It's on the left-hand side.
Es ist auf der rechten Seite.	It's on the right-hand side.
Fahren Sie mit dem Bus Nummer...	Take bus number...
Gehen Sie geradeaus.	Go straight on.
Gehen Sie links/rechts.	Go left/right.
Nehmen Sie...	Take...
die erste/zweite/dritte Straße links/rechts	the first/second/third street on the left/right

2.3 Bei uns
At our house

Wo wohnst du?	Where do you live?
Ich wohne in einem/einer...	I live in a...
das Doppelhaus	semi-detached house
das Einfamilienhaus	detached house
das Hausboot	houseboat
das Reihenhaus	terraced house
das Schloss	castle
der Wohnblock	block of flats
das Wohnmobil	campervan
die Wohnung	flat
am See	on/by a lake
am Stadtrand	on the outskirts of town

fünfzig

2 Mein Zuhause

an der Küste	on the coast
auf dem Land	in the countryside
in den Bergen	in the mountains
in der Stadt	in town, in the city
in einem Dorf	in a village
im ersten/zweiten/dritten Stock	on the first/second/third floor
Ich finde es.../Das finde ich...	I find it...
Ich fand es.../Das fand ich...	I found it...
attraktiv	attractive
grün	green
idyllisch	idyllic
interessant	interesting
laut	noisy
ruhig	quiet
schön	beautiful
Es gibt/gab viel zu tun.	There is/was a lot for people to do.
Ich wohne (nicht) gern hier.	I (don't) like living here.
Früher habe ich/haben wir ... gewohnt.	Before, I/we used to live...

2.4 Mein Schlafzimmer
My bedroom

In meinem Zimmer habe ich...	In my room, I've got...
In meinem Zimmer gibt es...	In my room, there is/are...
das Bett	bed
der Computer	computer
der Fernseher	television
Kerzen (pl)	candles
der Kleiderschrank	wardrobe
die Kommode	chest of drawers
die Lampe	lamp
die Lichterkette	(chain of) fairy lights
Pompons (pl)	pompoms
der Schrank	cupboard
der Schreibtisch	desk
der Sessel	armchair, easy chair
der Stuhl	(desk) chair
der Teppich	carpet, rug
auf	on
hinter	behind
in	in
neben	next to
über	above
vor	in front of
der Boden	floor
das Fenster	window
die Tür	door
bequem	comfortable
bunt	colourful
chaotisch	chaotic
gemütlich	cosy
hübsch	cute
ordentlich	tidy, neat
organisiert	organised
perfekt	perfect
praktisch	practical

2.5 Mein zukünftiges Zuhause
My future home

Ich werde in einem/einer ... wohnen.	I will live in a...
Meine Wohnung/Mein Haus wird ... sein.	My flat/house will be...
charmant	charming
schön möbliert	beautifully furnished
Das wird Spaß machen.	It will be fun.
Es wird (viele Zimmer) geben.	There will be (a lot of rooms).
Es wird (echt toll) sein.	It will be (really great).
Ich werde (viele Tiere) haben.	I will have (lots of pets).

3 Das Alltagsleben
Los geht's!

1 In der Mensa (*canteen*). Lies den Speiseplan eines liechtensteinischen Gymnasiums (*the menu from a secondary school in Liechtenstein*) und finde die passenden Wörter (a–f) auf Deutsch.

a spicy b homemade c daily d fresh e take-away f fruit basket

Pausenplan
von 9:25 Uhr bis 9:45 Uhr
von 11:25 Uhr bis 11:45 Uhr

Mensa-Speiseplan

Montag	Dienstag	Mittwoch	Donnerstag	Freitag
Fleischkäsesemmel (natur, Käse oder pikant) **CHF 3,50**	Hähnchenburger mit Cocktailsauce **CHF 4,00**	Fleischkäsesemmel (natur, Käse oder pikant) **CHF 3,50**	Schnitzelsemmel mit hausgemachter Cocktailsauce **CHF 4,00**	Fleischkäsesemmel (natur, Käse oder pikant) **CHF 3,50**
Schnitzelsemmel mit hausgemachter Cocktailsauce **CHF 4,00**	Fleischkäsesemmel (natur, Käse oder pikant) **CHF 3,50**	Pizza (vegi oder Schinken) **CHF 4,00**	Fleischkäsesemmel (natur, Käse oder pikant) **CHF 3,50**	Schinkenkipferl **CHF 2,50**

Täglich frische Snacks als Mahlzeit oder für Zwischendurch zum Mitnehmen

Fruchtsalat **CHF 4,90**
Bircher Müsli mit Früchten **CHF 4,90**
Hausgemachte Wraps **CHF 5,90**
Bagel belegt vegi oder Pouletcurry **CHF 4,90**

Früchtekorb (frische Früchte saisonal, regional) **CHF 0,80**

natur — plain
das Kipferl — crescent-shaped roll
belegt — filled/topped

2 Lies den Speiseplan noch einmal. Was wählst du für jeden Tag aus? (*What do you choose for each day?*)

Beispiel: Am Montag nehme ich...

🎭 Kultur

In many schools in German-speaking countries, the school day starts early in the morning and finishes in the early afternoon. There are usually two breaks of about 20 minutes per day. It's important for pupils' brainpower to eat a healthy snack during the first break. A school canteen is often called *die Mensa* or *die Kantine*.

52 zweiundfünfzig

3 Das Alltagsleben

3 Read the facts about the sleeping habits of German people. Complete the sentences in English.

> Durchschnittlich schlafen die Deutschen pro Tag 492 Minuten oder acht Stunden und zwölf Minuten.
>
> 28 Mal wacht man durchschnittlich in der Nacht auf.
>
> 219 000 Stunden schläft der Durchschnittsdeutsche im Lauf seines Lebens. Das sind rund ein Drittel seines Lebens, vorausgesetzt, er wird mindestens 75 Jahre alt.
>
> Fünf bis zwölf Stunden Schlaf braucht der 'normale' Mensch.
>
> Fast die Hälfte der Deutschen (47%) schläft im Pyjama.

durchschnittlich	on average
vorausgesetzt	provided (that)

a On average, German people sleep for _____ hours and _____ minutes per day.

b On average, you wake up _____ times in the night.

c The average German person sleeps for _____ hours in his/her life. That's around one _____ of his/her life.

d A 'normal' person needs between _____ and _____ hours of sleep.

e 47% of German people _____.

4 Lies den Text über die Schweizer Bahnhofsuhr und wähl die richtige Antwort.

Die Schweizer Bahnhofsuhr ist weltbekannt.

Hans Hilfiker hat die Uhr im Jahr 1944 entworfen.

Hilfiker wurde von der Bauhaus-Bewegung beeinflusst.

In diesem klaren, reduzierten Design sieht man schwarze Striche für die Minuten und Stunden auf einem weißen Hintergrund, mit schwarzen Minuten- und Stundenzeigern und einem roten Sekundenzeiger. Drei Farben: schwarz, rot, weiß.

Total klassisch.

wurde von … beeinflusst	was influenced by…
die Bewegung	movement
Striche (pl)	lines
der Sekundenzeiger	seconds hand

a Man findet diese bekannte Uhr in einem **Supermarkt/Bahnhof/Restaurant**.

b Hans Hilfiker hat **Häuser gebaut/im Supermarkt gearbeitet/die Uhr entworfen**.

c Der Sekundenzeiger auf der Uhr ist **rot/weiß/schwarz**.

dreiundfünfzig 53

3.1 Meine Alltagsroutine

Objectives
- Talking about daily routines
- Using reflexive verbs in the present tense
- Checking your written work for errors

📖 Lesen

1 Was passt zusammen?

1. Ich wache auf.
2. Ich stehe auf.
3. Ich dusche mich.
4. Ich rasiere mich.
5. Ich ziehe mich an.
6. Ich gehe ins Bett und schlafe ein.
7. Ich entspanne mich.
8. Ich amüsiere mich den ganzen Tag!

✏️ Schreiben

2 Füll die Lücken aus.

a Du duschst _____ um sieben Uhr.
b Ich rasiere _____ um Viertel nach sieben.
c _____ amüsieren uns den ganzen Tag.
d Wir _____ _____ nach dem Abendessen. *(sich entspannen)*
e Er _____ _____ um halb acht _____. *(sich anziehen)*

🔄 Übersetzen

3 Translate the sentences from activity 2 into English.

🎧 Hören

4 Hör zu. Wie ist Ninas Alltagsroutine (1–6)?
Schreib die richtigen Buchstaben aus Aktivität 1 (a–h) auf.

💬 Sprechen

5 Macht Dialoge. Partner A stellt Fragen und Partner B antwortet. Dann tauscht die Rollen.

Beispiel:
- Um wie viel Uhr wachst du auf? Ich wache um sechs Uhr auf.
- Um wie viel Uhr stehst du auf? Ich stehe um...

Aa Grammatik   p.66; WB p.29

Reflexive verbs in the present tense

Reflexive verbs are often for actions that you do to yourself. They're conjugated just like other verbs, but they also include a reflexive pronoun, which goes just after the verb.

sich duschen (to have a shower)		
ich	dusche	mich
du	duschst	dich
er/sie/es	duscht	sich
wir	duschen	uns
ihr	duscht	euch
sie/Sie	duschen	sich

Some reflexive verbs are also separable, such as *sich **an**ziehen*:

Ich **ziehe mich** um sieben Uhr **an**.

---

54 vierundfünfzig

3 Das Alltagsleben

📖 Lesen

6 🎵 Listen and read. Find <u>six</u> reflexive verbs in the text and translate them into English.

Hallo Leute! Ich heiße Kurt. Ich bin Astronaut und ich wohne hier im Marsdorf.

Ich stehe um sechs Uhr auf. Ich ziehe mich an: ich ziehe meinen Raumanzug an und setze meinen Astronautenhelm auf. Das dauert ein bisschen! Ich dusche mich einmal pro Woche. Ich arbeite im Kontrollzentrum für die Marsmission: ich mache Fotos und Experimente.

Ich amüsiere mich hier auf dem Mars, denn der Mars ist wahnsinnig cool. Ich interessiere mich für den Planeten und für meine Arbeit hier.

Hallo! Ich heiße Mindy und ich bin ein Marsmensch.

Die Astronauten wissen nicht, dass ich hier bin. Ich interessiere mich sehr für die Astronauten und ihren Roboter. Ich wache um fünf Uhr auf und gehe um Mitternacht ins Bett.

Ich wasche mich in den Marskratern sogar im Winter. Für mich ist die Atmosphäre kein Problem. Abends entspanne ich mich mit meinen Marsmenschenfreunden.

der Raumanzug	spacesuit
der Astronautenhelm	astronaut helmet
der Marsmensch	Martian
sogar	even

7 Read the text again. Copy and complete the table for Kurt and Mindy in English.

Name	Daily routine	Other details

🎧 Hören

8 🎵 Listen to Ronald the Robot talking about his daily routine. In your table from activity 7, complete another row for Ronald in English.

✏️ Schreiben

9 Stell dir vor (*Imagine*), du wohnst auf der Venus. Bist du Astronaut/Astronautin, Venusmensch oder Roboter? Schreib einen Blogeintrag über deine Alltagsroutine.

⚙️ Strategie

Checking your written work for errors

Check these elements every time in your written work:

- word order: *Zuerst* **stehe** *ich auf…*
- verb endings: *ich mach***e**/*wir mach***en**
- spellings: use the *Vokabeln* or *Glossar* pages
- umlauts: *ich am***ü***siere mich*
- gender of nouns: *der/die/das Roboter?*
- case: *ich wohne* **im** *Venusdorf.*

fünfundfünfzig

3.2 Willst du woanders zur Schule gehen?

Objectives
- Talking about daily life in the German-speaking world
- Using sequencers with reflexive and separable verbs
- Including cultural knowledge in your work

📖 Lesen

1 〰️ **Listen and read Mathea's description of her school life. Are the statements true (T) or false (F)?**

Hallo. Ich heiße Mathea. Ich gehe in die Liechtensteinische Gesamtschule und bin in der 9. Klasse. Ich bin fünfzehn.

Ich stehe um Viertel nach sechs auf. Zuerst dusche ich mich und dann ziehe ich mich an.

Die Schule beginnt um halb acht. Ich habe zwei Stunden und dann eine Pause von zwanzig Minuten. Nach der Pause habe ich noch zwei Stunden und danach, um halb eins, gehe ich in die Mensa. Ich esse eine Suppe oder einen Salat.

Nach der Schule mache ich Sport oder gehe in die Informatik-AG. Gestern habe ich Tennis gespielt. Später mache ich meine Hausaufgaben.

Nach dem Abendessen entspanne ich mich. Ich sehe Netflix oder ich gucke auf mein Handy. Ich gehe um zehn Uhr ins Bett und schlafe um Viertel nach zehn ein.

a Mathea goes to school in Switzerland.
b She gets up at 7.30 a.m.
c Break lasts 15 minutes.
d Mathea is a member of the computing club.
e Mathea doesn't have a mobile phone.
f She goes to sleep at 10.15 p.m.

✏️ Schreiben

2 Rewrite the text using the sequencers in brackets. Then translate the text into English.

Example: Wie ist meine Alltagsroutine? Zuerst wache ich...

Wie ist meine Alltagsroutine? (*Zuerst*) Ich wache um sieben Uhr auf. (*Dann*) Ich stehe um zehn nach sieben auf. (*Danach*) Ich dusche mich und (*dann*) ich ziehe mich an. (*Später*) Ich mache meine Hausaufgaben.

🎧 Hören

3 〰️ **Listen to Kwame talking about a typical school day (1–4). Copy and complete the table in English.**

	Time/Sequencer	Activity
1		

Aa Grammatik WB p.31

Sequencers with reflexive and separable verbs

You already know the sequencers *zuerst* (first), *dann* (then), *danach* (after that) and *später* (later).

Remember that, in German, the verb is always the second idea in a sentence. This rule is the same for reflexive and separable verbs too.

Separable verbs: <u>Zuerst</u> **wache** ich **auf** und <u>dann</u> **stehe** ich **auf**.

Reflexive verbs: <u>Danach</u> **dusche** ich **mich**.

3 Das Alltagsleben

📖 Lesen

4 🎵 **Listen and read Victor's description of his German school in Lagos, Nigeria. Answer the questions in English.**

Hallo. Ich bin Victor. Ich bin vierzehn Jahre alt und gehe in die 9. Klasse.

Ich bin für zwei Monate Gastschüler an der Deutschen Schule Lagos (DSL).

Hier lebe ich in einer deutschen Gastfamilie.

Die Deutsche Schule Lagos beginnt früher und ist früher zu Ende als die Schule in Deutschland.

Meine Mutter freut sich darüber, weil ich endlich mal früher ins Bett gehe.

Was ich an der DSL besonders toll finde, ist das AG-Angebot. Es gibt einen Club für fast jede Sportart und jedes Hobby!

Meine Freunde fragen mich, „Hast du dort Internet?" Ja, das habe ich!

Ich persönlich würde diese Erfahrung weiterempfehlen.

Vielen Dank an meine Eltern, meine Gastfamilie und viele Schüler und Lehrer.

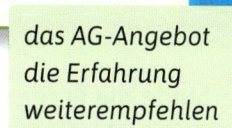

das AG-Angebot — after-school club choices
die Erfahrung — experience
weiterempfehlen — to recommend

a For how long is Victor in Lagos?
b Why is Victor's mother happy?
c What question do Victor's friends ask about the internet?
d Would Victor recommend this school exchange experience?
e Who does Victor thank for his experience?

🎭 Kultur

There are German schools all over the world on every continent. These schools offer access to the German education system for members of the local community and for German people who live and work abroad.

💬 Sprechen

5 👥 **Macht ein Interview mit Mathea oder Victor.**

- Wie heißt du?
- Wie alt bist du?
- Wie ist deine Alltagsroutine?
  (Zuerst…, Dann…, Danach…, Später…, Am Abend…)

Aussprache: *ie, ei* and *au*

Remember that, in German:
- 'ie' sounds like 'ee'
- 'ei' sounds like 'i'
- 'au' sounds like 'ow'.

👥 Practise saying these words with your partner:

Lieblingsfächer   ziemlich   heißen
schreiben   Liechtenstein   auch   aus

⚙️ Strategie

Including cultural knowledge in your work

Show that you know about life in German-speaking countries. For this writing task, you can include information about the subjects that German students typically study, where they eat and what time school starts and finishes.

✏️ Schreiben

6 **Stell dir vor, du wohnst in einem deutschsprachigen Land. Schreib einen Blogeintrag über deine Alltagsroutine.**

siebenundfünfzig 57

3.3 Wollen wir uns treffen?

Objectives
- Making plans and excuses
- Using *wollen* + the infinitive
- Reacting to the unpredictable

🎧 Hören

1 Hör zu. Was wollen sie machen (1–8)? Schreib die richtigen Buchstaben (a–h) auf.

a b c d e f g h

📖 Lesen

2 Was passt zusammen? Verbinde die Fragen (1–8) mit den Bildern aus Aktivität 1 (a–h).

Beispiel: **1** a

1. Willst du morgen Backgammon spielen?
2. Willst du am Wochenende in die Stadt gehen?
3. Wollen wir später Skateboard fahren?
4. Wollen wir uns am Wochenende treffen?
5. Willst du am Wochenende angeln gehen?
6. Willst du heute Abend ein Videospiel spielen?
7. Willst du am Sonntag mit ins Kino kommen?
8. Wollen wir später in den Park gehen?

Sprachmuster

The accusative case is used with *in* when we are talking about going into a place (rather than being in the place already):

*Ich gehe in **den** Park.* (m)
*Ich gehe in **die** Stadt.* (f)
*Ich gehe **ins** Kino.* (n) (in + das → **ins**)

Aa Grammatik   p.66; WB p.33

Using *wollen* + the infinitive

The word *wollen* (want to) is a modal verb, like *können* and *müssen*. Use *wollen* + the infinitive at the end of the sentence to say what you <u>want</u> to do.

wollen (to want to)		
ich	will	
du	willst	
er/sie/es	will	+ infinitive
wir	wollen	
ihr	wollt	
sie/Sie	wollen	

*Ich **will** mich **amüsieren**.*
*Er **will** in die Stadt **gehen**.*

You can also use *wollen* to make a suggestion:

***Wollen** wir ins Fitnesscenter gehen?* (**Shall** we go to the leisure centre?)

🎧 Hören

3 Listen to the questions and answers (1–6). Copy and complete the table in English.

	When?	Activity
1		

achtundfünfzig

3 Das Alltagsleben

📖 Lesen

4 Read @Piachen's invitation and the responses. Answer the questions with the correct username.

> **@Piachen**
> Wollt ihr heute Abend ins Kino gehen? Ich habe zwei Karten, aber mein Bruder kann nicht mitkommen. Er muss seine Hausaufgaben machen.
>
> **@Ove**
> Ich kann heute nicht mitkommen, weil ich mein Bett machen muss. Dann muss ich auch Staub saugen und mein Zimmer sauber machen. Es tut mir leid.
>
> **@Lasse**
> Ich will heute Nachmittag einkaufen gehen, aber ich kann nicht, weil ich meine Oma besuche. Aber heute Abend bin ich frei und kann mit ins Kino kommen. Bis bald.
>
> **@Dannyboy**
> Ach nein, ich will in die Stadt gehen, aber ich muss mich um meine Schwester kümmern. Das ist aber schade. Vielleicht morgen?

a Whose sibling has to do his/her homework?
b Who has to look after his/her sister?
c Who is visiting his/her grandma?
d Who wants to go shopping this afternoon?
e Who has to clean the house?
f Who can go to the cinema with @Piachen today?

🔄 Übersetzen

5 Übersetz die Sätze ins Deutsche.

a I want to go to the cinema on Thursday.
b They want to go swimming.
c Shall we play a video game?
d He wants to go skateboarding later.

⚙ Strategie

Reacting to the unpredictable

It's a good idea to learn some set phrases, so you can react to what people say to you. Here are some useful phrases for this topic:

Ach nein. Das ist schade. (Oh no. That's a shame.)
Wieso denn? (How come?)
Ach Quatsch. Das gibt's nicht. (Oh, rubbish. That's not possible.)
Keine Chance! (No way!)
Es tut mir leid. (I'm sorry.)
Ich bin super enttäuscht. (I'm really disappointed.)

Which of these reactions appear in the conversations in activities 3 and 4?

💬 Sprechen

6 👥 **Macht drei Dialoge.**

Beispiel:
- Willst du morgen in die Stadt gehen?
- Leider kann ich nicht. Ich muss meine Hausaufgaben machen.

Wann?	Aktivität	Warum nicht?
1 morgen	in die Stadt gehen	Hausaufgaben
2 am Wochenende	ins Kino gehen	Oma besuchen
3 am Samstag	einkaufen gehen	kein Geld

🎁 Extra

Include a reaction from the *Strategie* box in each dialogue.

✏ Schreiben

7 Deine Mutter will mit dir einkaufen gehen und du hast keine Lust. Schreib die längstmögliche Entschuldigung. (*Write the longest possible excuse.*)

Beispiel: Ich kann nicht. Ich muss…

neunundfünfzig 59

3.4 Projekt: Gesund leben

Objectives
- Talking about healthy living
- Revising *man soll* and *man muss*
- Writing without support

📖 Lesen

1 Was ist ein Rezept für ein gesundes Leben? Füll die Lücken aus.

schlafen   Familie   Wasser   Yoga   machen
Sport   positiv   muss   Smartphone
aktiv   nachts   Pause   essen

a Man soll Tai-Chi oder _____ _____.

e Man _____ Zeit mit Freunden oder der _____ verbringen.

b Man soll _____ treiben oder irgendwie _____ sein.

f Man muss gesund _____ und viel _____ trinken.

c Man soll _____ nicht auf das _____ gucken.

g Man soll _____ denken.

d Man muss genug _____.

h Man muss manchmal eine _____ machen.

🎧 Hören

2 〰️ Hör zu. Ist alles richtig?

3 〰️ Hör zu. Katja und Medi reden über das Rezept für ein gesundes Leben. Bring die Tipps aus Aktivität 1 (a–h) in die richtige Reihenfolge. Ist Medis Meinung dazu positiv (✔) oder negativ (✘)?

Beispiel: f ✔, …

Positiv (✔)	Negativ (✘)
Das ist mir wichtig.	Das ist mir nicht wichtig.
Das macht mich glücklich.	Das macht mich unglücklich.
Das stresst mich nicht.	Das stresst mich.
Das nervt mich gar nicht.	Das nervt mich.
Das ist richtig.	Das ist falsch.

💬 Sprechen

4 👥 Macht Dialoge.

Beispiel:
- Was ist dein Rezept für ein gesundes Leben?
- Man soll Yoga machen.
- (✔) Hmm. Ja, das ist richtig. Das macht mich glücklich./(✘) Quatsch! Das nervt mich. Das ist mir nicht wichtig.

Grammatik — p.67; WB p.35

Revising *man soll* and *man muss*

man soll (you should)   *man muss* (you must)

Remember that modal verbs are used with an infinitive, which goes to the end of the sentence:

Man **soll** viel Wasser **trinken**.
Man **muss** positiv **denken**.

3 Das Alltagsleben

Lesen

5 Lies die Blogeinträge über ein gesundes Leben. Finde die passenden Sätze (a–e) auf Deutsch.

> Normalerweise bin ich sehr aktiv und esse immer gesund. Man soll Sport treiben und aktiv sein. Das finde ich wichtig. Aber gestern war ich mit Freunden zusammen und ich habe vier Hamburger gegessen. Ich habe auch einen Liter Cola getrunken. Das war keine gute Idee! **Ahmed**

> Gestern habe ich Yoga gemacht und dann habe ich mir ein bisschen Zeit für mich genommen. (Man muss sowieso irgendwann eine Pause machen!) Heute aber war es anders. Ich habe den ganzen Tag gearbeitet und das hat mich so gestresst. Total ungesund. Nein, danke. **Soleya**

> Es gibt so viele Regeln: man soll täglich gesund essen und trinken. Man soll vegan oder vegetarisch essen. Man soll keine süßen Getränke trinken. Man soll regelmäßig Obst essen. Das nervt mich. Ich will leben, so wie ich will! **Melda**

a That wasn't a good idea!
b Then I took a bit of time for myself.
c Totally unhealthy. No, thanks.
d There are so many rules.
e You shouldn't drink sweet drinks.

sowieso	anyway, in any case
irgendwann	at some point
anders	different

6 Read the blog posts again. Are the statements true (T), false (F) or not in the text (NT)?

a Ahmed is a keen yoga practitioner.
b Ahmed is normally a healthy eater.
c Soleya had a stress-free day yesterday.
d Soleya enjoyed working all day today.
e Melda does not look at her smartphone during the night.
f Melda wants to follow her own rules.

🎁 Extra

Which verbs in the blog posts are in the past (perfect or imperfect tense) and which are in the present?

Schreiben

7 Was ist <u>dein</u> Rezept für ein gesundes Leben?

⚙ Strategie

Writing without support

Sometimes, you will have to write without a framework to follow. Here are some tips for doing this:

- Think of a structure for your writing; for example:
  1 what people should and shouldn't do for a healthy life
  2 what you normally do
  3 what you did recently
  4 your opinion.
- Use language that you have recently studied (*man soll…, man muss…*).
- Adapt sentences from the reading texts.
- Use different time frames (*Gestern habe ich…, Heute mache ich…, Morgen werde ich…*).
- Keep it simple, but not too simple!

einundsechzig **61**

3.5 Wer macht was bei euch?

Objectives
- Comparing chores in different families
- Revising subordinate clauses with *weil* and *wenn*
- Recycling language

🎧 Hören

1 Lies die Tweets und dann hör zu. Wer spricht (1–6)? Finde den passenden Hashtag in den Tweets.

Ich wohne mit meinen zwei Müttern und meinem Bruder zusammen. Ich muss den Tisch für das Frühstück oder das Abendessen decken. Ich koche auch, wenn meine Eltern arbeiten. Das finde ich okay. #Regenbogenfamilie

Ich mache meinen Kaninchenstall sauber, weil ich Geld dafür bekomme. Das finde ich in Ordnung. #Haushalt

Ich wasche Autos und ich sauge im Auto Staub, weil ich für ein Handy spare. #Geld

Wenn meine Mutter arbeitet, kocht mein Stiefvater. Ich muss das Badezimmer putzen, weil mein Stiefbruder das Auto waschen will. Das finde ich nicht so fair. #Patchworkfamilie

Wenn ich die Papiermüllkiste rausbringe, kriege ich Geld. Recyceln ist wichtig in unserem Haushalt. #Recyceln

Ich gehe für meine Familie einkaufen, weil meine Eltern sehr viel zu tun haben. #Modernefamilie

📖 Lesen

2 Find examples of these structures in the tweets in activity 1.

- **a** opinions (3)
- **b** modal verb + infinitive (3)
- **c** nouns (5)

✏️ Schreiben

3 Verbinde die Sätze. Benutz die Konjunktion in Klammern (*brackets*).

- **a** Ich gehe einkaufen. Meine Eltern arbeiten. (*weil*)
- **b** Ich wasche Autos. Ich bekomme Geld dafür. (*weil*)
- **c** Luis kocht. Seine Mutter kommt spät nach Hause. (*wenn*)

Grammatik p.67; WB p.37

Revising subordinate clauses with *weil* and *wenn*

The words *weil* (because) and *wenn* (when/if) are subordinating conjunctions. That means they send the verb to the end of the clause:

Ich wasche Autos, **weil** ich für ein Handy **spare**.

Wenn ich die Papiermüllkiste **rausbringe**, kriege ich Geld.

Notice that a comma always separates a subordinate clause from a main clause in German.

3 Das Alltagsleben

📖 Lesen

4 Read the article about family roles. Choose the correct answer to complete each sentence.

Die Mutter kocht, backt, geht einkaufen und kümmert sich um die Kinder, weil der Vater das Geld für die Familie verdient. So sah noch bis vor etwa zwanzig Jahren die klassische Rollenverteilung im Alltag aus.

Das ist heute anders. Mehr als 60% aller Mütter in der Schweiz mit Kindern unter 20 Jahren arbeiten.

Eines ist klar: wenn Rollen definiert sind und jeder sich damit wohl fühlt, gibt es auch keine Diskussionen.

Moderne Familienstrukturen lassen Raum für neue Interpretationen von Rollen.

a In the traditional Swiss family of the past, the mother cooks, bakes, goes shopping and looks after the **pets/children/grandparents**.

b The father **earns/spends/pays** the money for the family.

c That was the classic division of roles in everyday life until about **20/30/40** years ago.

d Nowadays in Switzerland, things are different and more than 60% of **parents/mothers/fathers** work.

e If **families/parents/roles** are clearly defined and everyone is OK with them, it isn't a problem.

f Modern family structures leave room for **new/old/traditional** interpretations of roles.

💬 Sprechen

5 👥 Macht Dialoge.

Beispiel:
- *Wer macht was bei euch?*
- *Ich decke den Tisch. Ich muss auch die Autos waschen, weil…*
  Meine Halbschwester putzt das Badezimmer.
  Mein Vater geht einkaufen.
- *Wie findest du die Rollenverteilung?*
- *Das finde ich ganz fair/total unfair.*

✏️ Schreiben

6 Schreib einen Tweet über die Rollenverteilung in deinem Haushalt. Benutz ungefähr 280 Zeichen (*characters*).

- Wer macht was bei euch?
- Wie findest du das?
- Bekommst du Geld dafür?
- Und deine Meinung?

⚙ Strategie

Recycling language

Get into the habit of reusing what you have learnt in other contexts to make your German sound much richer. When writing your tweet, consider the following points:

- Reuse the language for household chores that you learnt in Unit 2.
- Start your sentences with time markers (*Montags/Am Wochenende wasche ich…*).
- Use other adjectives that you know when giving opinions.
- Use different personal pronouns: *ich koche, er/sie kocht, wir kochen*.
- Add *nicht* to change the meaning: *Wenn mein Vater **nicht** arbeitet, kocht er für die Familie.*

dreiundsechzig

3 Kultur

Deutscher Exportartikel: Fußballtrainer

📖 Lesen

1 〰️ Listen and read the article about Jürgen Klopp. Complete the sentences in English.

Jürgen Norbert Klopp, oder ‚Kloppo' mit Spitznamen, ist vielleicht der bekannteste Deutsche in der Welt und vielleicht der beste Fußballtrainer.

Er wurde am 16. Juni 1967 in Stuttgart geboren und hat mit seinen zwei Schwestern und seinen Eltern in Glatten gewohnt. Glatten ist ein kleines Dorf im Schwarzwald und der kleine Jürgen hat dort seine Kindheit verbracht. Es gab ein Freibad in Glatten und im Sommer ist Jürgen fast jeden Tag schwimmen gegangen.

Klopp hat sich immer für Fußball interessiert. Er hat Sportwissenschaften in Frankfurt am Main studiert. Dann hat er an der Sporthochschule in Köln weiterstudiert.

Als Fußballspieler hat er für mehrere kleine Mannschaften gespielt. Als Fußballtrainer hat er in Deutschland für Mainz und Borussia Dortmund gearbeitet. Im Jahr 2015 ist er nach Liverpool gekommen.

mit Spitznamen	nicknamed
der bekannteste Deutsche	the best-known German
Sportwissenschaften	sports science
die Sporthochschule	sports college
mehrere	several

a   Jürgen Klopp's nickname is _____.
b   He is perhaps the _____ in the world and the _____.
c   He grew up in Glatten with his _____ and his _____.
d   During his childhood, he went _____ nearly every day in _____.
e   As a _____, he played at several small clubs.
f   As a _____, he worked at Mainz, Dortmund and then _____.

🎧 Hören

2 〰️ Hör zu. Sind die Meinungen zu Jürgen Klopp (1–4) positiv (P) oder negativ (N)? Welche Adjektive hörst du?

Beispiel: **1** P – der beste, gar nicht arrogant

64 vierundsechzig

3 Das Alltagsleben

📖 Lesen

3 〰️ **Hör zu und lies. Finde die passenden Wörter (a–l) auf Deutsch.**

> Kloppos zweite Frau heißt Ulla. Jürgen hat einen Sohn Marc und Ulla hat einen Sohn Dennis aus einer früheren Beziehung. Das ist eine richtige Patchworkfamilie.
>
> Das Paar wohnt in Formby in der Nähe von Liverpool. Ihr Haus hat sieben Schlafzimmer, drei Wohnzimmer, ein Kino und ein Schwimmbad. Sie haben auch ein Ferienhaus auf der Insel Sylt in Deutschland.
>
> Kloppo ist diszipliniert und sehr pünktlich, aber er ist nicht kompliziert. Er schläft gut und er wacht früh auf. Kloppo steht dann schnell auf. Er geht jeden Tag mit dem Hund spazieren und geht gerne mit seiner Frau ins Restaurant.
>
> Während der Corona-Krise hat Kloppo positive SMS an seine Mannschaft gesendet, weil er die Spieler ermutigen wollte. Er engagiert sich sehr im Kampf gegen den Rassismus.
>
> Ein ganz normaler Mensch? In Liverpool hat er sowieso Helden-Status!

a relationship
b near
c holiday house
d island
e punctual
f quickly
g during
h texts
i to encourage
j is active
k against racism
l hero status

4 Read the text again and answer the questions in English.

a Who does Jürgen Klopp live with?
b Which rooms are there in their house?
c Where is the family's holiday house?
d When does Kloppo wake up?
e How do people view Kloppo in Liverpool?

💬 Sprechen

5 👥 **Macht ein Interview mit Jürgen Klopp.**

- Wann haben Sie Geburtstag?
- Wo haben Sie Ihre Kindheit verbracht?
- Wo haben Sie studiert?
- Wie ist Ihr Haus?
- Wie sind Sie?
- Was ist Ihre Alltagsroutine?

✏️ Schreiben

6 Schreib einen Artikel über oder ein Interview mit Martina Voss-Tecklenburg.

Martina Voss-Tecklenburg
Geburtsdatum und Ort: 22.12.67, Duisburg (Deutschland)
Beruf: früher: Fußballspielerin
jetzt: Trainerin der deutschen Frauen-Nationalmannschaft
Interessen: Fußball
Familie: eine Tochter, Dina, aus einer früheren Beziehung, einen Mann, Hermann
Haus: in Duisburg
Persönlichkeit: tolerant, offen
Alltagsroutine: steht früh auf

> Official women's football matches didn't take place in Germany until after 1970. Now the German national team is one of the most successful in women's football, having won numerous UEFA European Championships and a gold medal at the Olympics.

fünfundsechzig

3 Sprachlabor

Reflexive verbs in the present tense

Reflexive verbs include a reflexive pronoun. Reflexive verbs are often actions that you do to yourself. (However, there are exceptions to this, so try to learn which verbs are reflexive.)

The reflexive pronoun comes straight after the verb: ich <u>dusche</u> **mich** (literally: I shower myself).

sich duschen (to have a shower)		
ich	dusche	**mich**
du	duschst	**dich**
er/sie/es	duscht	**sich**
wir	duschen	**uns**
ihr	duscht	**euch**
sie/Sie	duschen	**sich**

1 Which of these are reflexive verbs in German? Write the *ich* form.

Example: **a** to have a wash – *ich wasche mich*

- a to have a wash
- b to read
- c to relax
- d to have a shower
- e to shave
- f to go
- g to have breakfast
- h to have fun

2 Complete the text with the correct reflexive pronouns.

Mein Vater steht um sechs Uhr auf und duscht **1** _____. Ich stehe um sieben Uhr auf und esse mein Frühstück. Danach dusche ich **2** _____ und ziehe **3** _____ an. Mein Bruder steht spät auf und wäscht **4** _____ schnell. Unsere zwei Katzen entspannen **5** _____ auf meinem Bett und meine kleine Schwester amüsiert **6** _____ mit ihrem Teddy.

Using *wollen* + the infinitive

The modal verb *wollen* means 'to want to'. In a sentence, use the correct form of *wollen* with an infinitive at the end of the clause. Notice that the *ich* and *er/sie/es* forms are always the same.

wollen (to want to)	
ich	will
du	willst
er/sie/es	will
wir	wollen
ihr	wollt
sie/Sie	wollen

+ infinitive

- Ich **will** ins Kino **gehen**.
- **Willst** du heute Abend Tennis **spielen**?

3 Complete the sentences with the correct form of *wollen*.

- a _____ du am Samstag einkaufen gehen?
- b Wir _____ nach der Schule ins Schwimmbad gehen.
- c Mein Bruder _____ Skateboard fahren.
- d Ich _____ schlafen.
- e Nadja und Jonas _____ am Samstag in die Stadt gehen.
- f _____ ihr später zu mir nach Hause kommen?

4 Write sentences with the words and the correct form of *wollen*. For an extra challenge, try to include time markers in your sentences.

- a ich – Fußball – spielen
- b du – ins Kino – gehen?
- c Kim – in die Stadt – gehen
- d wir – ein Videospiel – spielen
- e ich – Pizza – essen
- f Tanja und Mesut – Skateboard – fahren

3 Das Alltagsleben

Revising *man soll* and *man muss*

The modal verbs *sollen* and *müssen* are both used with an infinitive at the end of the clause or sentence. You can use *man soll* (you should) and *man muss* (you must) to give advice:

- *Man soll Zeit mit der Familie verbringen.*
- *Man muss sich abends entspannen.*

Note that *man muss nicht* means 'you don't have to', <u>not</u> 'you must not'! (To say 'you must not', use *man darf nicht* in German.)

5 Put the words in the correct order. Start each sentence with the word in bold.

a **Man** Yoga machen soll.
b Wasser trinken **Man** muss viel.
c schlafen **Man** soll 8 bis 10 Stunden.
d **Man** viel muss essen Obst.
e Sport **Man** treiben soll.
f **Man** manchmal eine Pause soll machen.

6 Translate the sentences into German.

a You should eat vegetables every day.
b You should meet friends.
c You should drink two litres of water per day.
d You must eat healthily.
e You must sleep enough.
f You must think positively and be active.

Revising subordinate clauses with *weil* and *wenn*

The words *weil* (because) and *wenn* (when/if) are subordinating conjunctions that send the verb to the end of the clause:

- *Ich sehe gern fern, **weil** das entspannend **ist**.*
- *Ich bleibe zu Hause, **wenn** es **regnet**.*

If you use a modal verb + infinitive after *weil* or *wenn*, put the **modal verb** at the end of the clause, after the <u>infinitive</u>:

- *Ich komme nicht, weil ich meine Hausaufgaben <u>machen</u> **muss**.*

7 Combine the two sentences using *weil* or *wenn*.

a Ich esse Kekse. Ich habe Hunger.
b Ich höre Rockmusik. Das ist meine Lieblingsmusik.
c Meine Eltern entspannen sich. Sie sehen fern.
d In Deutschland trägt man keine Uniform. Man geht zur Schule.

8 Put the words in the second half of each sentence in the correct order.

a Ich kann heute nicht ausgehen, <u>weil ich muss helfen zu Hause</u>.
b Ich helfe viel zu Hause, <u>wenn meine Mutter muss arbeiten</u>.
c Mein Vater kocht gern, <u>wenn ist er zu Hause</u>.
d Ralf hilft nicht gern zu Hause, <u>weil er immer will faulenzen</u>.

9 Translate the sentences from activity 8 into English.

Aussprache: *sch*, *sp* and *st*

In German, the sound 'sch' sounds like the English 'sh'. At the beginning of a word, 'sp' sounds like 'shp' and 'st' sounds like 'sht'.

10 Listen and repeat. Then practise with your partner.

Schokolade   Tasche   schwarz   schrecklich
Sport   später   Stadt   Stunde

11 Practise saying the tongue twister.

Schweizer Schokolade schmeckt Stefan besser als Spaghetti.

siebenundsechzig

3 Was kann ich schon?

📖 Lesen

1 Choose the correct heading for each sentence.

`before school` `at school` `after school`

a Ich stehe sehr früh auf.
b Ich gehe ins Kino.
c Ich esse zum Frühstück Toast mit Butter.
d Man soll dem Lehrer zuhören.
e Ich treffe mich mit Freunden in der Stadt.
f Ich entspanne mich nach dem Abendessen.
g Ich ziehe mich an.
h Ich gehe zum Computerclub.
i Ich gehe in die Mensa und esse Salat.
j Ich dusche mich.

✓ 10

2 Wer sagt das: Pilot Anton (PA), Prinzessin Beate (PB) oder Piratin Clara (PC)?

a Morgens ziehe ich meine Uniform an.
b Ich dusche mich nicht oft.
c Ich rasiere mich jeden Morgen.
d Abends singe ich Piratenlieder.
e Ich gehe im Schloss schlafen.
f Jeden Tag fliege ich sechs Stunden im Flugzeug.
g Manchmal esse ich morgens, mittags und abends Fisch.
h Ich dusche mich in einem goldenen Badezimmer.
i Ich mache das Schiffsdeck sauber.
j Ich amüsiere mich den ganzen Tag und tanze am Abend im Schloss.

✓ 10

Max. ✓ 20 Punkte

🎧 Hören

3 Listen to the advice for healthy living (1–10). Decide if each piece of advice is good (✓) or bad (✗).

✓ 10

4 Listen to Otto's daily routine and complete the sentences in English.

a He sleeps for _____ hours.
b School starts at _____.
c He gets up at _____.
d After he showers, he _____.
e He has no time to _____.
f He eats lunch _____.
g He likes eating _____.
h He goes to _____ club.
i At the weekend he goes to the park or the _____.
j He doesn't often use _____.

✓ 10

Max. ✓ 20 Punkte

68 achtundsechzig

3 Das Alltagsleben

Schreiben

5 Du machst mit einem Freund/einer Freundin Pläne für das Wochenende. Schreib einen Dialog.

- Kino – Samstag?
- Nein – Oma
- Sonntag?
- Ja – drei Uhr?
- ☺!

✓ 10

6 Was ist dein Rezept für ein gesundes Leben? Was soll/muss man machen? Schreib <u>fünf</u> Sätze. Benutz die Ideen unten.

aktiv   viel Wasser   schlafen   denken

Yoga oder Tai-Chi   gesund   Sport

Obst und Gemüse

✓ 5

7 Übersetz die Sätze ins Deutsche.

a I get up at 7 o'clock because school starts at half past eight. (2 marks)
b My brother showers every morning.
c Farida goes to the park when it's sunny. (2 marks)

✓ 5

Max. ✓ 20 Punkte

Deine Resultate

Wie viele Punkte hast du für Lesen, Hören und Schreiben?
Notiere deine Punktezahl.

bis zu 6 Punkten	Gut gemacht! Mach die Bronze-Aktivität auf der nächsten Seite.	BRONZE
7–12 Punkte	Prima! Mach die Silber-Aktivität auf der nächsten Seite.	SILBER
13–20 Punkte	Fantastisch! Mach die Gold-Aktivität auf der nächsten Seite.	GOLD

neunundsechzig 69

3 Vorankommen!

Bronze

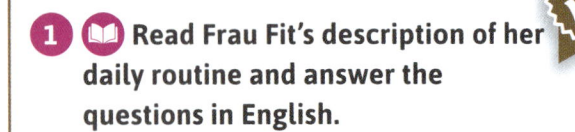

1 📖 **Read Frau Fit's description of her daily routine and answer the questions in English.**

Hi! Ich bin Frau Fit. Ich stehe um sechs Uhr auf und mache Yoga. Dann esse ich Obst zum Frühstück und trinke Wasser. Am Nachmittag gehe ich für eine Stunde joggen. Meine Familie ist nicht ganz so fit. Anja isst jeden Tag Schokolade – sie soll Gemüse essen! Paul ist so faul: er spielt den ganzen Tag Computerspiele – er soll Sport machen! Mein Mann trinkt jeden Abend Bier – er soll Wasser trinken!

a What does Frau Fit do when she gets up?
b What does she do in the afternoon?
c What does Anja do every day?
d What should she do instead?
e How does Paul spend his day?
f What does her husband do in the evening?
g What should he do instead?

2 🎧 〜 **Listen to the voicemails (1–5). Copy and complete the table in English.**

Day	Suggested activity
1	

3 ✏️ **Complete the conversation about free-time plans.**

- Hi Thomas. W_ _ _ _ _ _ du am Sonntag i_ _ K_ _ _ g_ _ _ _?
- Hi Yanis. Gute Idee, aber ich m_ _ _ meine H_ _ _ _ _ _ _ _ _ _ _ m_ _ _ _ _.
- Schade. Wann h_ _ _ du Z_ _ _?
- Ich k_ _ _ am F_ _ _ _ _ _ kommen.
- Cool, bis dann!

Silber

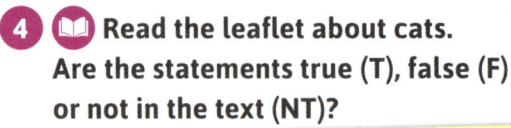

4 📖 **Read the leaflet about cats. Are the statements true (T), false (F) or not in the text (NT)?**

Was muss man wissen, wenn man eine Katze haben will?

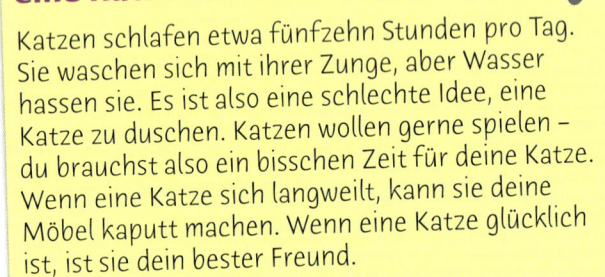

Katzen schlafen etwa fünfzehn Stunden pro Tag. Sie waschen sich mit ihrer Zunge, aber Wasser hassen sie. Es ist also eine schlechte Idee, eine Katze zu duschen. Katzen wollen gerne spielen – du brauchst also ein bisschen Zeit für deine Katze. Wenn eine Katze sich langweilt, kann sie deine Möbel kaputt machen. Wenn eine Katze glücklich ist, ist sie dein bester Freund.

a Cats are easier to keep than dogs.
b They sleep for most of the day.
c They like to have a shower.
d They like to play.
e They live for about 18 years.
f A cat will never be your best friend.

5 🎧 〜 **Listen to Jamilah talking about her life with the circus. What does she do at each time? Note the activity and any extra information in English.**

a 5.30 a.m.   b 5.45 a.m.   c 6.00 a.m.
d 8.00 a.m.   e 4.00 p.m.   f 8.00 p.m.

6 ✏️ **Füll die Lücken mit deinen eigenen Ideen aus.** Complete the sentences with your own ideas.

a Ich stehe nicht gern früh auf, weil/wenn _____.
b Am Nachmittag gehe ich gern in den Park, weil/wenn _____.
c Einmal pro Woche gehe ich in die Foto-AG, weil _____.
d Man soll nachts nicht auf das Handy schauen, weil _____.

70 siebzig

3 Das Alltagsleben

Gold

7 📖 **Lies Heikos Blogeintrag und wähl die richtige Antwort.**

Gestern war <u>eine totale Katastrophe</u>, weil ich bis neun Uhr <u>geschlafen habe</u>. Ich hatte keine Zeit für das Frühstück. Ich muss wirklich früher ins Bett gehen! Ich bin schnell zur <u>Bushaltestelle</u> gerannt und um zehn Uhr war ich dann hungrig in der Schule. Um elf Uhr hatten wir Schwimmen, aber ich hatte keine Schwimmsachen dabei! Nach der Schule bin ich zur Computer-AG gegangen – das war okay. Auf der <u>Nachhausefahrt</u> habe ich mein Handy im Bus gelassen. Jetzt kann ich mich nicht entspannen, weil ich meine Freunde nicht <u>anrufen</u> kann und mit niemandem chatten kann – so was Doofes! Ich muss mein Handy <u>wiederfinden</u>!

a Gestern war **ein guter Tag/ein schlechter Tag/Heikos Geburtstag**.
b Heiko hatte am Morgen keine Zeit **zum Essen/zum Duschen/zum Fernsehen**.
c Er ist mit dem **Fahrrad/Auto/Bus** zur Schule gefahren.
d Er hat **seine Badehose/seine Hausaufgaben/sein Handy** zu Hause vergessen.
e Jetzt **entspannt er sich/telefoniert er mit Freunden/hat er kein Handy**.
f Er soll **mehr Wasser trinken/früher ins Bett gehen/keine Computerspiele spielen**.

8 ✏️ **Übersetz die <u>unterstrichenen</u> Ausdrücke aus Aktivität 7 ins Englische.**

9 🎧 **Hör einen Podcast mit Tipps für Schüler. Beantworte die Fragen auf Englisch.**

Part A
a What is important for success in school?
b What should you do in school?

Part B
c What should you <u>not</u> do before going to sleep? (**two** details)
d Why is reading in the evening advisable?

Part C
e What should you do in the morning? (**two** details)
f What type of person has better chances of getting good grades?

10 ✏️ **Schreib einen Blogeintrag (zirka 80 Wörter) über „Meine Vorsätze für das neue Jahr".**

- Wie willst du gesund leben?
- Wie wirst du zu Hause helfen?
- Was wirst du in der Schule machen?
- Willst du ein neues Hobby haben?

🎁 Extra

When you write about your New Year's resolutions, try to include:

- at least two correct examples of the future tense
- at least two correct examples of *wollen* + infinitive
- at least two complex sentences using conjunctions such as *weil* and *wenn*
- time phrases with the correct word order
- correct spelling.

Show off the grammatical structures that you know. Try to use different tenses in any topic. Once you have the tools (such as *weil*, *wenn*, modal verbs, negatives), use them and practise them at every opportunity. You can make great sentences without having to use very complex vocabulary. For example: *Ich will keine Hamburger essen oder Cola trinken, weil das ungesund ist.*

einundsiebzig 71

3 Vokabeln

3.1 Meine Alltagsroutine
My daily routine

aufstehen	to get up, to get out of bed
aufwachen	to wake up
einschlafen	to go to sleep, to fall asleep
ins Bett gehen	to go to bed
sich amüsieren	to enjoy yourself
sich anziehen	to get dressed
sich duschen	to have a shower
sich entspannen	to relax
sich interessieren (für etwas)	to be interested in
sich rasieren	to shave
sich waschen	to (have a) wash

Um wie viel Uhr wachst du auf?	What time do you wake up?
Ich wache um … (Uhr) auf.	I wake up at … (o'clock).
Um wie viel Uhr stehst du auf?	What time do you get up?
Ich stehe um … (Uhr) auf.	I get up at … (o'clock).

3.2 Willst du woanders zur Schule gehen?
Do you want to go to school somewhere else?

am Abend	in the evening
nach dem Mittagessen/Abendessen	after lunch/the evening meal
nach der Pause/Schule	after breaktime/school
später	later (on)

Die Schule beginnt um (acht Uhr).	School begins at (8 o'clock).
Ich entspanne mich.	I relax.
Ich gehe in die (Informatik)-AG.	I go to (computer) club.
Ich gehe in die Mensa.	I go to the canteen.
Ich gucke auf mein Handy.	I look at my phone.
Ich mache meine Hausaufgaben.	I do my homework.
Ich sehe Netflix.	I watch Netflix.

3.3 Wollen wir uns treffen?
Shall we meet up?

Willst du…?	Do you want to…?
Willst du mit (ins Kino) kommen?	Do you want to come (to the cinema)?
Wollen wir…?	Shall we…?
Wollt ihr…?	Do you (guys) want to…?

angeln gehen	to go fishing
Backgammon spielen	to play backgammon
ein Videospiel spielen	to play a video game
einkaufen gehen	to go shopping
in den Park gehen	to go to the park
in die Stadt gehen	to go into town
ins Café gehen	to go to the café
Skateboard fahren	to go skateboarding

Ach nein!	Oh no!
Ach Quatsch!	Oh, rubbish!
Das gibt's nicht.	That isn't possible./I can't believe it.
Das ist schade.	That's a shame.
Es tut mir leid.	I'm sorry.
Ich bin super enttäuscht.	I'm really disappointed.
Ich kann nicht (mitkommen).	I can't (come).
Ja! Gerne.	Yes! I'd love to.
Keine Chance!	No way!
Leider kann ich nicht.	Unfortunately, I can't.
Wieso denn?	How come?
Ich habe kein Geld.	I don't have any money.
Ich muss…	I have to…
meine Hausaufgaben machen	do my homework
meine Oma besuchen	visit my grandma

3 Das Alltagsleben

mich um meine Schwester kümmern	look after my sister
mit meinem Hund spazieren gehen	walk the dog

〰 3.4 Projekt: Gesund leben
Project: Living healthily

Was ist dein Rezept für ein gesundes Leben?	What is your recipe/advice for healthy living?
Man muss...	You must/have to...
Man soll...	You should...
aktiv sein	to be active
eine Pause machen	to take a break
genug schlafen	to get enough sleep
gesund essen	to eat healthily
nachts nicht auf das Smartphone gucken	to not look at your smartphone at night
positiv denken	to think positively
Sport treiben	to do sport
Tai Chi oder Yoga machen	to do tai chi or yoga
viel Wasser trinken	to drink a lot of water
Zeit mit Freunden oder der Familie verbringen	to spend time with friends or family
Ich nehme mir ein bisschen Zeit für mich.	I take a bit of time for myself.
Das ist für mich wichtig/unwichtig.	That is (not) important to me.
Das macht mich glücklich/unglücklich.	That makes me happy/unhappy.
Das stresst mich (nicht).	That stresses me out./That doesn't stress me out.
Das nervt mich (gar nicht).	That annoys me./That doesn't annoy me at all.
Das ist richtig/falsch.	That's true/wrong.

〰 3.5 Wer macht was bei euch?
Who does what in your household?

Autos waschen	to wash cars
das Badezimmer putzen	to clean the bathroom
die Papiermüllkiste rausbringen	to bring out the paper/cardboard recycling
für meine Familie einkaufen gehen	to go shopping for my family
kochen	to cook
meinen/meine/mein ... sauber machen	to clean my...
...weil ich für einen/eine/ein ... spare.	...because I'm saving up for a...
...weil ich Geld dafür kriege.	...because I get money in return.
...wenn/weil meine Eltern arbeiten.	...if/when/because my parents are working.
...wenn/weil mein Vater sehr viel zu tun hat.	...if/when/because my father has a lot to do.
...wenn/weil meine Mutter spät nach Hause kommt.	...if/when/because my mother gets home late.
Wie findest du die Rollenverteilung?	How do you find the division of (family) roles?
Das finde ich ganz fair.	I find it quite fair.
Das finde ich in Ordnung.	I find it OK.
Das finde ich total unfair.	I find it totally unfair.
in unserem Haushalt	in our household

dreiundsiebzig 73

4 Meine Klamotten
Los geht's!

1 Quiz! Was weißt du über Kleidung in deutschsprachigen Ländern? Rate mal!

Traditionelle Kleidung ('Tracht')

1 In Bayern und Österreich ist das Dirndl traditionelle Kleidung für Frauen. Frauen haben … ein Dirndl getragen.
- a in einem Hotel
- b zu Hause
- c auf einem Bauernhof

2 Männer haben … eine Lederhose getragen.
- a im Schwimmbad
- b auf der Jagd
- c zu Hause

3 Im Schwarzwald findet man den Bollenhut. Das ist ein Strohhut mit vierzehn Bollen. Für einen Bollenhut braucht man…
- a ein Kilogramm Wolle.
- b zwei Kilogramm Wolle.
- c drei Kilogramm Wolle.

4 Die Herstellung eines Bollenhuts dauert…
- a eine Woche.
- b zwei Wochen.
- c zwei Tage.

Bayern	Bavaria
auf der Jagd	when hunting
der Schwarzwald	Black Forest
die Herstellung	production

Shoppen!

5 Welche <u>zwei</u> Marken kommen aus Deutschland?
- a Puma
- b Adidas
- c Vans
- d Nike
- e Reebok

6 Galeria Karstadt Kaufhof ist…
- a ein Hotel.
- b ein Kaufhaus.
- c ein Fitnesszentrum.

7 Was kann man in Galeria Karstadt Kaufhof <u>nicht</u> kaufen?
- a Brot
- b eine Reise
- c ein Auto
- d Kleidung

4 Meine Klamotten

2 Look at the bar chart showing how long people keep various items of clothing. Are the statements true (T) or false (F)?

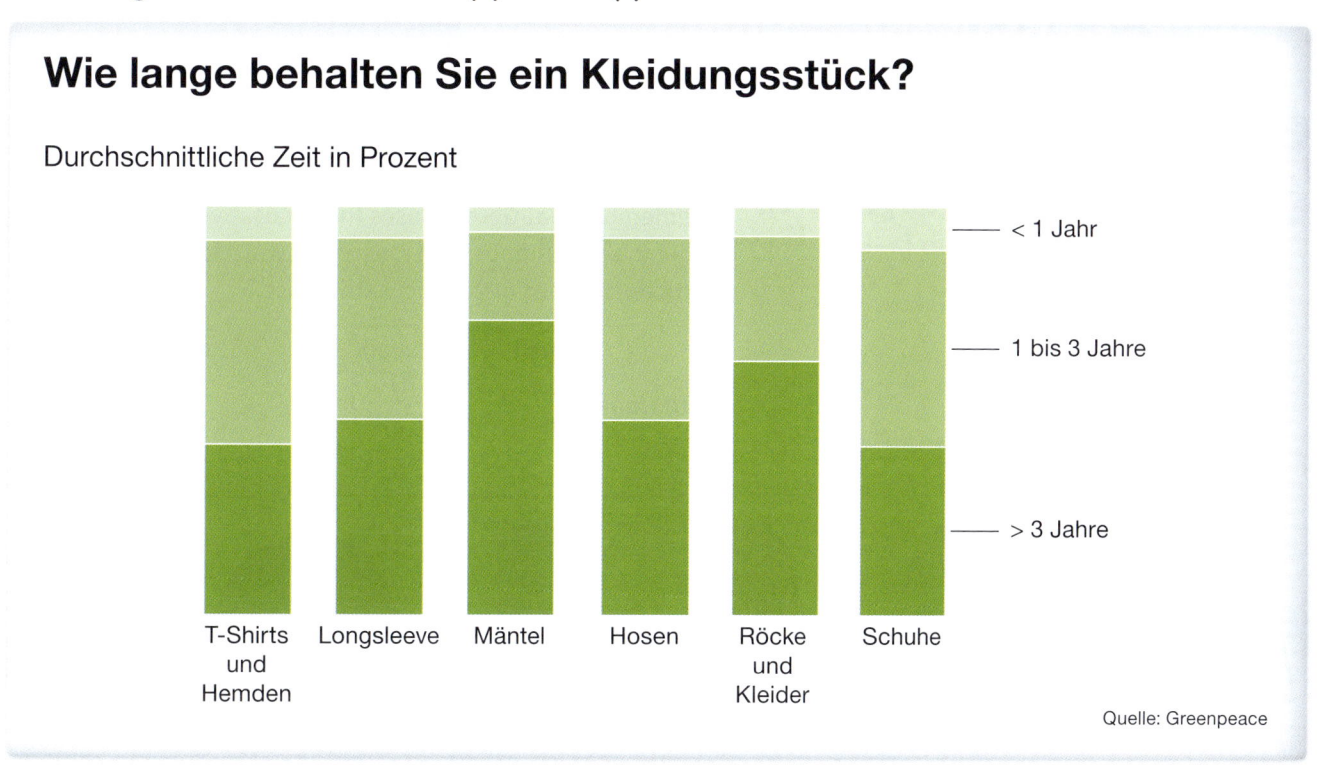

Wie lange behalten Sie ein Kleidungsstück?

Durchschnittliche Zeit in Prozent

— < 1 Jahr
— 1 bis 3 Jahre
— > 3 Jahre

T-Shirts und Hemden | Longsleeve | Mäntel | Hosen | Röcke und Kleider | Schuhe

Quelle: Greenpeace

a People keep coats for longer than they keep other items.
b It's more common for people to keep shoes than trousers for only one year.
c People keep trousers for longer than they keep skirts and dresses.

3 Wie kann man Textilmüll vermeiden? (*How can you avoid textile waste?*) Was passt zusammen?

1 Man kann seine Kleidung online weiterverkaufen.
2 Man kann seine Kleidung auf dem Flohmarkt kaufen.
3 Man kann seine guten Kleidungsstücke an Secondhandläden geben.

4 Macht Dialoge über Kleidung in einer kleinen Gruppe. Stellt und beantwortet folgende Fragen.

- Was sind deine Lieblingsmarken?
- Wie findest du den Bollenhut?
- Wie alt ist dein ältestes (*oldest*) Kleidungsstück?

fünfundsiebzig 75

4.1 Was trägst du gern?

Objectives
- Saying what you are wearing and like to wear
- Using verbs with the vowel change 'a' to 'ä' in the present tense
- Translating into German

🎧 Hören

1 🎵 Hör zu. Was tragen sie gern (1–6)? Finde die passenden Bilder (a–l).

Beispiel: 1 a, …

Ich trage gern…

Sprachmuster
Remember that German uses the accusative case for the direct object of a sentence. The masculine word for 'a' (the indefinite article) changes in the accusative case.

Ich trage	**einen**	Mantel. (m)
	eine	Jacke. (f)
	ein	T-Shirt. (n)
	–	Stiefel. (pl)

a) einen Rock
b) einen Kapuzenpullover
c) einen Mantel
d) eine Hose
e) eine Jacke
f) ein Cap
g) ein T-Shirt
h) ein Hemd
i) ein Kleid
j) Jeans
k) Turnschuhe
l) Stiefel

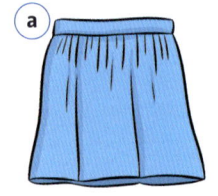

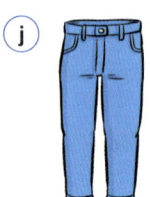

2 🎵 Listen to Torsten. Which item of clothing in the picture below does he <u>not</u> mention that he's wearing? Answer in English.

💬 Sprechen

3 👥 Macht Dialoge.

- Was trägst du gern? (Ich trage gern … und/oder…)
- Welches Kleidungsstück trägst du immer/nie? (Ich trage immer/nie…)

Aussprache: a and ä
In German, 'a' sounds like 'a' (as in 'cat') or 'ar' (as in 'far'). The letter 'ä' sounds like 'e' (as in 'bed') or 'ay' (as in 'day').

👥 Practise saying these sentences with your partner:
- *Was trägst du?*
- *Ich trage nur Qualität.*

76 sechsundsiebzig

4 Meine Klamotten

✏️ Schreiben

4 Was trägt Torsten? Schreib einen Satz über das Bild aus Aktivität 2. Benutz die ‚er'-Form.

> 🎁 **Extra**
> Draw a picture of someone wearing lots of clothes. Then describe the picture to your partner.

🔄 Übersetzen

5 Übersetz die Sätze ins Deutsche.

a They are wearing jeans and a T-shirt.
b What do you (*du*) like to wear?
c She is sleeping, but he is running.
d We are washing jeans, but you (*du*) are washing a skirt.
e I am going by train. How are you (*du*) going?

Aa Grammatik   p.88; WB p.39

Verbs with the vowel change 'a' to 'ä' in the present tense

Some irregular verbs have a vowel change in the *du* and *er/sie/es* forms in the present tense.

tragen (to wear)			
ich	trage	wir	tragen
du	trägst	ihr	tragt
er/sie/es	trägt	sie/Sie	tragen

Other verbs which have a vowel change from 'a' to 'ä' include: *fahren* (to go/travel), *waschen* (to wash), *schlafen* (to sleep), *laufen* (to run).

⚙️ Strategie

Translating into German

Remember that you can't always translate everything into German word for word.

- In English, the present tense can be formed with one verb or two verbs ('I **wear**' or 'I **am wearing**') but it's always just one verb in German: *ich **trage***.
- To say what someone likes to do, use a present tense verb + *gern*.
- To translate 'by' a means of transport, use *mit* + the dative case.

📖 Lesen

6 Wer trägt was in Sabrinas Wohngemeinschaft (*houseshare*)? Was passt zusammen?

Hallo! Ich bin Sabrina. Ich wohne in Basel in einer Wohngemeinschaft. Wir sind alle ziemlich aktiv.

1 Am Wochenende fährt Yunus Ski und trägt…
2 Heiko arbeitet in einem Restaurant. Er wäscht ab und trägt…
3 Jana feiert ihren Geburtstag und lädt ihre Freunde zu einer Party ein. Sie trägt…
4 Mila fährt Dirt Jump Rad. Sie schläft immer gut danach. Sie trägt…

a ein Kleid mit Stiefeln.
b eine Jacke, eine Hose und viel Unterkleidung, weil es kalt ist. Er trägt immer einen Helm – sehr wichtig.
c ein T-Shirt, eine kurze Hose und vor allem einen Helm.
d Jeans und ein altes Hemd. Manchmal auch Gummihandschuhe.

✏️ Schreiben

7 Schreib einen Blogeintrag. Beschreib deine Kleidung.

> *Beispiel:* Meistens trage ich…
> Ich trage immer…
> Am Wochenende trage ich…

> 🎁 **Extra**
> As well as writing about yourself, use the third person (*er/sie/es* form) to describe what other people wear:
>
> *Meistens trägt meine Schwester/mein Bruder/ mein Freund/meine Freundin…*

siebenundsiebzig 77

4.2 Wie ist dein Stil?

Objectives
- Talking about your style
- Using accusative adjective endings
- Revising *gern*, *lieber* and *am liebsten*

📖 Lesen

1 Lies die Kommentare und finde die passenden Bilder (a–d).

Wie ist dein Modestil?

Mein Modestil ist lässig. Jeans und Sneaker liebe ich. **Aysun**

Mein Modestil ist sportlich. Ich trage am liebsten bunte Farben. Ich trage immer ein Cap und eine Armbanduhr. **Zelig**

Mein Modestil ist klassisch. Ich trage meistens ein kariertes Hemd und eine schwarze Hose und manchmal einen Hut. Ich trage immer einen Ring. **Ismail**

Mein Modestil ist cool. Ich trage oft einen gestreiften Rock und ein paar Accessoires: eine goldene Kette zum Beispiel. Ich vergesse nie meine Sonnenbrille und meine Tasche. **Irma**

eine Armbanduhr	watch
ein Hut (m)	hat
ein Ring (m)	ring
eine Kette	chain, necklace
eine Sonnenbrille	pair of sunglasses
eine Tasche	bag

lässig casual

2 Lies die Kommentare aus Aktivität 1 noch einmal und finde die passenden Wörter (a–d) auf Deutsch.

a bright
b checked
c striped
d gold

🎧 Hören

3 Listen to Ada, Achim and Johanna discussing clothes and styles. For each person, note in English what they like to wear, their style and what the interviewer thinks.

Aa Grammatik p.88; WB p.41

Accusative adjective endings

In German, if you use an adjective **before** a noun, the adjective ending changes according to the gender of the noun and the case. You use the accusative case after many verbs, including *tragen* and *haben*. Here are the accusative adjective endings with the indefinite article ('a'):

	Accusative
m	ein**en** blau**en**
f	ein**e** blau**e**
n	ein blau**es**
pl	– blau**e**

- Ich trage ein**en** grün**en** Rock.
- Ich habe ein**e** braun**e** Tasche.

78 achtundsiebzig

4 Meine Klamotten

✏️ Schreiben

4 Schreib die Sätze mit den Adjektiven in Klammern. Benutz die richtigen Adjektivendungen.

Beispiel: **a** Er trägt gern ein <u>rotes</u> T-Shirt und…

a Er trägt gern ein T-Shirt und einen Mantel. (*rot, grau*)
b Ich trage lieber eine Jacke und eine Hose. (*kariert, schwarz*)
c Sie trägt meistens einen Rock und einen Pullover. (*lang, gestreift*)
d Er trägt am liebsten ein Hemd und eine Krawatte. (*weiß, grün*)
e Trägst du einen Kapuzenpullover und Turnschuhe? (*gelb, blau*)

🎧 Hören

5 Hör zu. Mila und Jens machen das Mode-Quiz. Wie antworten sie auf die Fragen (1–6)? Schreib die Tabelle ab und füll sie aus.

	Mila	Jens
1	a	b

Strategie

Revising *gern*, *lieber* and *am liebsten*

Remember to use these phrases to express your likes and preferences:

Ich trage **gern** Ohrringe.
(I **like** to wear earrings.)

Ich trage **lieber** eine Kette.
(I **prefer** to wear a chain.)

Ich trage **am liebsten** einen Ring.
(I **like** to wear a ring **most/best**.)

Mode-Quiz

1 Wie ist dein Modestil?
a lässig
b sportlich
c alternativ

2 Was ist deine Lieblingsmarke?
a Hugo Boss
b Nike
c Ich habe keine.

3 Welche Farbe trägst du am meisten?
a blau
b rot
c schwarz

4 Welches Accessoire vergisst du nie?
a einen Ring
b eine Kette
c eine Tasche

5 Wie findest du Piercings?
a okay
b furchtbar
c cool

6 Interessierst du dich für Trends?
a total
b überhaupt nicht
c ab und zu

Die Resultate findest du hier rechts.

📖 Lesen

6 Lies das Quiz noch einmal und notiere deine eigenen Antworten. Welcher Modetyp bist du? Finde die Quiz-Resultate rechts.

💬 Sprechen

7 👥 Macht Dialoge.

- Was trägst du gern?
- Ich trage gern/am liebsten/meistens/immer…
- Wie ist dein Modestil?
- Mein Modestil ist…
- Das finde ich… Du siehst … aus.

✏️ Schreiben

8 Wie ist dein Stil? Schreib deine Antworten aus Aktivität 7 als Blogeintrag auf.

Deine Resultate:
Mehrheitlich a? Du bist für alles bereit, supercool und engagiert.
Mehrheitlich b? Mode ist nicht dein Ding. Du hast andere Interessen.
Mehrheitlich c? Du bist eher alternativ. Du hast deinen Stil und kümmerst dich nicht so sehr um die anderen.

neunundsiebzig 79

4.3 Wo kaufst du lieber deine Klamotten?

Objectives
- Talking about your shopping habits
- Using possessive adjectives in the accusative case
- Improving your reading skills

Hören

1 Hör zu. Wo kaufen sie lieber ihre Klamotten (1–6)? Finde die passenden Bilder (a–f).

a auf dem Flohmarkt
b in großen Städten
c in kleinen Läden oder Boutiquen
d im Internet
e in Secondhandläden
f im Einkaufszentrum

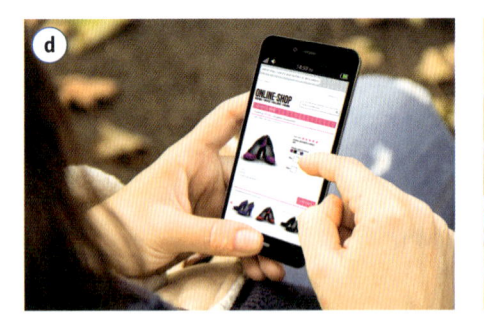

Übersetzen

2 Translate the sentences into English.

a Ich gehe am liebsten im Einkaufszentrum shoppen.
b Wir kaufen unsere Klamotten lieber in Designerläden.
c Sie geht lieber auf dem Flohmarkt shoppen.
d Er kauft seine Klamotten am liebsten in großen Städten.
e Meine Eltern kaufen alle meine Klamotten.

Sprechen

3 Macht eine Klassenumfrage.

- Wo kaufst du lieber deine Klamotten?
- Ich kaufe meine Klamotten lieber… / Ich gehe am liebsten … shoppen.

Sprachmuster

There are two different words for 'shop' in German: *das Geschäft* and *der Laden*. Sometimes *die Handlung* is also used, as in *die Buchhandlung* (bookshop). Usually *Laden* refers to a smaller store.

80 achtzig

4 Meine Klamotten

🎧 Hören

4 🎵 **Listen to Matilda and Marcus talking about shopping trips. Find and correct the mistake in each sentence.**

a Matilda went to OutletCity on Friday.
b She bought boots and a denim jacket.
c She likes shopping in big shopping centres because there are so many people.
d Marcus went to the second-hand shop by bus.
e He bought a chain and his black bag.
f He liked it because there was a lot to do.

Aa Grammatik
p.89; WB p.43

Possessive adjectives in the accusative case

In the accusative case, only the possessive adjectives (*mein*, *dein*, etc.) for **masculine** words are different to those in the nominative case.

	Nominative	Accusative
m	mein	mein**en**
f	meine	meine
n	mein	mein
pl	meine	meine

Possessive adjectives use the same endings as the indefinite article.

*Ich habe letztes Wochenende mein**en** Jeansrock gekauft.*

📖 Lesen

5 **Read the article about what happens to old clothes in Germany. Are the statements true (T) or false (F)? Correct the false statements.**

Was passiert mit alter Kleidung?

Jedes Jahr landen in Deutschland rund eine Million Tonnen Altkleider in Altkleidercontainern.

Was passiert mit aussortierter Kleidung? Wer bekommt die alten Hosen und T-Shirts? Und wie werden sie recycelt?

Durchschnittlich sind nur 50 Prozent der Textilien für den Secondhand-Gebrauch geeignet. Die restlichen 50 Prozent der gebrauchten Kleidung werden recycelt oder verbrannt. Wichtig ist, dass die Kleidung keine großen Löcher, Öl oder Fettflecken hat.

aussortiert	rejected
werden recycelt	are recycled
geeignet	suitable
gebraucht	used
werden verbrannt	are burned

a Every week, around a million tonnes of old clothes end up in clothes recycling banks in Germany.
b The article asks who gets the old jumpers and T-shirts.
c Only 50 per cent of the textiles are suitable for second-hand use.
d The remaining 50 per cent are thrown away or burnt.
e It's important that the clothing doesn't have big holes, oil or fat stains.

⚙ Strategie

Improving your reading skills

- Identify the context of the reading text first: use the question and the text title.
- Make a list of all of the words in the text that you know.
- Does the picture help you to understand the text?
- Read the questions and focus on the information you need to do the task.

✏ Schreiben

6 **Schreib einen kurzen Text über das Shoppen.**

- Say you went to the shopping centre last weekend.
- Say what you bought (use *meinen/meine/mein*).
- Say where you prefer to shop and why.
- Give your opinion of your shopping trip (*Ich habe es ... gefunden./Das hat mir...*).

einundachtzig **81**

4.4 #Shoppen

Objectives
- Talking about shopping for clothes
- Revising the future tense with *werden*
- Using *ich möchte* + the infinitive

Lesen

1 Read the web page for the TV programme *Shopping-Marathon!* and answer the questions in English.

SHOPPING-MARATHON!

Sie müssen Kleidung, Schuhe und Accessoires kaufen.
Sie haben fünf Stunden.
Wer gewinnt?
Los geht's!

Das Thema: ‚Punk-Look'
Budget: 500 Euro
Preisgeld: 1000 Euro

Die Kandidaten

Anouschka Vara (22) ist eine österreichische Journalistin. Sie wohnt mit ihren drei Katzen in Salzburg.

Punk-Look: ich möchte zuerst ein schwarzes T-Shirt finden und eine schottische karierte Hose oder vielleicht einen kurzen Rock. Dann möchte ich Ohrringe und auch einen Hut aussuchen. Das könnte interessant sein. Ich werde ganz viel Geld für ein Paar Stiefel und eine Tasche ausgeben. Das muss alternativ wirken. Es wird Spaß machen. Los geht's!

Karl Hildert (23) ist ein deutscher Sporttrainer. Er wohnt mit seiner Mutter in Saarbrücken.

Mein Stil ist eigentlich sportlich. Punk-Look finde ich total uncool und das alles wird für mich ganz schwierig sein. Zuerst möchte ich eine schwarze Lederjacke kaufen. Die Jacke wird ganz teuer sein. Ich werde ganz viel Geld für Accessoires ausgeben. Ich möchte ein Hundehalsband und eine schwarze Sonnenbrille kaufen. Ich werde auf einem Flohmarkt ein Paar Stiefel suchen.

a How long do the contestants on *Shopping-Marathon!* have to create their outfit?
b How much money do they receive if they win?
c Which type of trousers would Anouschka like to find?
d What will her most expensive items be?
e What is Karl's style?
f What does Karl think about the punk look?
g What does he say about a leather jacket?
h Where will he look for boots?

2 Lies die Webseite noch einmal und finde die passenden Sätze auf Deutsch.

a That could be interesting.
b I will spend quite a lot of money on a pair of boots and a bag.
c It has to look alternative.
d It will be fun.
e I will look for a pair of boots at the flea market.

Grammatik
WB p.45

Revising the future tense with *werden*

Use the future tense to talk about what you 'will do' or 'are going to do'.

Use the auxiliary verb *werden* plus an infinitive at the end of the clause.

Subject	Auxiliary verb (werden)	Infinitive
ich	werde	
du	wirst	
er/sie/es	wird	kaufen
wir	werden	
ihr	werdet	
sie/Sie	werden	

82 zweiundachtzig

4 Meine Klamotten

🎧 Hören

3 🎵 Hör zu. Adnan ist dritter Kandidat im *Shopping-Marathon!* Bring die Klamotten und Accessoires (a–f) in die richtige Reihenfolge.

- a eine schwarze Lederjacke
- b ein Paar Sneaker
- c ein weißes T-Shirt
- d eine silberne Kette
- e Jeans
- f ein schwarzes Cap

4 🎵 Hör noch einmal zu. Schreib Adnans Profil ab und füll die Lücken mit Wörtern aus Aktivität 3 aus.

> Adnan Uddin (25) ist ein Schweizer Fotograf.
> Er möchte 1 _____ und 2 _____ finden.
> Er möchte 3 _____ kaufen.
> Er sucht 4 _____ und 5 _____ .
> Er wird ganz viel Geld für 6 _____ ausgeben.

⚙ Strategie

Using *ich möchte* + the infinitive

You can use *ich möchte* with a noun (in the accusative case) or with a verb to express polite requests and wishes:

Ich möchte eine Tasse Kaffee.
Ich möchte eine Tasse Kaffee trinken.

You can also use *ich möchte* to refer to a future time frame:
Ich möchte nach Griechenland fahren.

Practise using the structure with other pronouns too:
du möchtest; er/sie möchte; wir möchten.

🔄 Übersetzen

5 Übersetz die Sätze ins Deutsche.

- a He would like to buy a checked shirt.
- b She would like to find a pair of black sunglasses.
- c I would like to buy accessories.
- d We will buy trainers.
- e They will find sunglasses.

💬 Sprechen

6 👥 Du bist vierter Kandidat/vierte Kandidatin im *Shopping-Marathon!* und du suchst ein Outfit aus. Das Thema: ‚Hip-Hop-Look'. Stell dich vor.

> Beispiel: Ich heiße…
> Ich bin…
> Ich möchte … finden.
> Zuerst/Dann suche ich …
> Ich werde ganz viel Geld für … ausgeben.

Ace Tee

MC Fitti

✏ Schreiben

7 Stell dich in einem kurzen Text als Kandidat/Kandidatin vor.

dreiundachtzig 83

4.5 Party!

Objectives
- Talking about special occasions
- Revising the perfect tense with *haben* and *sein*
- Using three tenses together

🎧 Hören

1 Hör zu und lies den Blogeintrag.

Hey Leute! Wie geht's? Ich bin Tobias. Ich bin fünfzehn Jahre alt und Fußball ist mein Ding.

Letztes Jahr bin ich nach Dortmund gefahren und ich habe dort im Westfalenstadion das Fußballspiel Deutschland gegen England gesehen. Es war toll, weil die Stimmung total elektrisierend war.

Ich habe mein Mannschaftscap, meine Mannschaftshandschuhe und meinen Mannschaftsschal getragen.

In der Halbzeitpause habe ich eine Bratwurst gegessen und das hat 2,80 Euro gekostet – nicht so teuer. Mein Vater hat Currywurst mit Pommes gegessen und ein Bier getrunken.

Das Wetter war kalt, aber es hat nicht geregnet.

Nächstes Jahr werden wir nach Paris fahren. Wir werden das Fußballspiel Frankreich gegen Deutschland sehen. Wir werden auch den Eiffelturm besuchen. Mein Vater wird die Karten kaufen und ich werde noch einmal meine Fanklamotten anziehen. Es wird Spaß machen!

📖 Lesen

2 Read the blog post again and complete the sentences in English.

a The football match was great because _____.
b Tobias wore his team _____, gloves and scarf.
c His father ate _____.
d The weather was cold, but _____.
e Next year he'll go to Paris in order to see _____.
f They'll also visit _____.

🎁 Extra

Rewrite the second, third and fourth paragraphs of Tobias' blog post in the third person singular (*er*) form. Remember also to change *mein* to *sein*.

Aa Grammatik

p.89; WB p.47

Revising the perfect tense with *haben* and *sein*

To form the perfect (past) tense, you need an **auxiliary verb** (the correct form of *haben* or *sein*) and a past participle. The past participle goes to the end of the sentence.

Ich **habe** das Fußballspiel gesehen.

Verbs which take *sein* as the auxiliary in the perfect tense are often verbs of movement from one place to another.

Ich **bin** mit dem Zug gefahren.

84 vierundachtzig

4 Meine Klamotten

🎧 Hören

3 🎵 Hör zu. Hannah ist zur Berlinale gegangen. Bring die Bilder (a–f) in die richtige Reihenfolge.

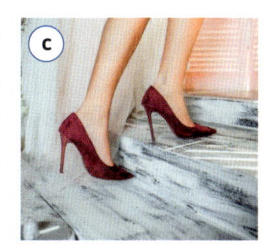

die Berlinale	Berlin International Film Festival
Absatzschuhe (pl)	high-heeled shoes

⚙ Strategie

Using three tenses together

You know how to use:
- two past tenses (perfect and imperfect)
- the present tense
- the future tense with *werden*.

Show that you can conjugate verbs correctly in different tenses and forms. For example:

ich habe gekauft/ich kaufe/ich werde kaufen
sie hat getragen/sie trägt/sie wird tragen

Also show that you can use time markers and word order correctly in different tenses:

Letztes Jahr…/Heute…/Nächste Woche…

4 🎵 Listen again. Which tense does Hannah use to talk about the item in each picture (a–f) in activity 3? Write P (past), PR (present) or F (future).

💬 Sprechen

5 👥 Macht Dialoge.

- Bist du letztes Jahr/letzten Sommer/letzte Woche zu einem Konzert/Fußballspiel/Festival gegangen?
- Was hast du getragen/gegessen/getrunken?
- Wie war es?
- Was wirst du nächstes Jahr/nächsten Sommer/nächste Woche machen?

Letztes Jahr Letzten Sommer Letzte Woche	bin ich zum …	gegangen.
Dort habe ich	ein Hemd/eine Jeans/ein Kleid	getragen.
Bei dieser Veranstaltung habe ich	Currywurst/Pommes	gegessen.
	Cola/Wasser	getrunken.
Es gab eine große Party. Es hat Spaß gemacht. Es war toll/cool!		
Nächstes Jahr Nächsten Sommer Nächste Woche	werde ich nach …	gehen.
Ich werde …		besuchen.

✏ Schreiben

6 Schreib einen Text über eine Veranstaltung (*event*).

- Give the name of the event.
- Say who you went with and how you travelled there.
- Say what you wore, what you ate and drank and give your opinion.
- Say where you will go next year and give your opinion.

fünfundachtzig 85

4 Kultur

Die Macht der Tracht

Lesen

1 Lies die Fakten über traditionelle Kleidung und finde die passenden Wörter (a–h) auf Deutsch.

Dirndl und Lederhosen – wieder modern!

Was? Lederhosen

Wann? Am Ende des 18. Jahrhunderts waren sie robuste Arbeitshosen für Handwerker und Bauern. Sie gingen bis zum Knie.

Wer noch? Auch Jäger trugen diese kurzen Lederhosen, weil sie bequem und warm waren.

Etwas anderes? Leder geht nicht schnell kaputt. Man kann Lederhosen jahrelang tragen.

Heute: Am Feiertag oder beim Volksfest tragen Männer ihre Lederhosen.

Was? Man trägt ein Dirndlkleid mit einer Schürze über eine Bluse.

Wann? Im 19. Jahrhundert war ein Dirndl ein Arbeitskleid, weil es sehr praktisch war. Das Kleid war auch einfach zu waschen.

Wer? Auf Bauernhöfen in Bayern und Österreich trugen alle Mädchen ein Dirndlkleid.

Etwas anderes? Die Dirndl waren einfarbig oder kariert. Blumenmuster gab es nicht. In den 1930er Jahren war das Dirndl sogar in den USA populär.

Heute: Das Dirndl ist sehr beliebt bei Hochzeiten, Volksfesten und Familienfeiern.

das Jahrhundert — century

a work trousers
b craftsmen
c for years
d holiday
e apron
f all one colour
g flower pattern
h weddings

2 Read the facts again and complete the sentences in English.

a At the end of the 18th century, *Lederhosen* (leather trousers) were worn for _____.
b The trousers reached down to the _____.
c Hunters liked to wear them because they were _____ and _____.
d The material lasts for _____.
e A *Dirndl* is worn with an _____ and a _____.
f In the nineteenth century, it was a _____ because it was practical.
g The dress was easy to _____.
h Today people wear the *Dirndl* at _____, _____ and _____.

Tracht (traditional costume) is back in fashion in Germany, Switzerland and Austria, particularly with younger people. Deeply associated with tradition and the idea of *Heimat* (homeland), *Tracht* now has a modern twist. Many young people wear their outfits on public holidays and special occasions.

Tracht colours and designs vary from region to region. Now the fashion industry is taking things further, using traditional designs but with bright colours and new textiles.

86 sechsundachtzig

4 Meine Klamotten

🎧 Hören

3 Hör zu. Bring die Fragen und Antworten (a–h) in die richtige Reihenfolge.

a Trägst du Lederhosen?
b Ja, ich trage meine Lederhosen am Wochenende, zum Wandern oder Radfahren.
c Dirndl oder Lederhosen, was trägst du lieber?
d Ich trage fast immer einen Hut mit einer Feder.
e Nicht nur an Feiertagen!
f Ich habe ein Paar Lederhosen, aber ich trage lieber ein Dirndl.
g Welche Accessoires trägst du?
h Das finde ich cool.

💬 Sprechen

4 Macht Dialoge. Stellt und beantwortet die Fragen. Sagt eure Meinung!

- Wie findest du das Dirndl von Alpenmädel?
- Wie findest du die Weste von Noh Nee?

Alpenmädel
Alpenmädel macht Dirndl nach klassischen Designs, aber der Stil ist modern. Alpenmädel benutzt Stoffe aus aller Welt mit einem munteren Farbmix.

Noh Nee
Westen von Noh Nee sind eine Mischung aus afrikanischen Stoffen und traditionell bayerischen Designs.

Das/Die … finde ich	(nicht so) (echt) (total)	attraktiv/bequem/cool/elegant/gut/praktisch/super.
		furchtbar/schrecklich/uncool.

Stoffe (pl) — fabrics
munter — vivid
die Weste — waistcoat
bayerisch — Bavarian

📖 Lesen

5 Was passt zusammen?

1 Welche Farbe hat das Dirndl?
2 Welche Schuhe trägt man zum Dirndl?
3 Welche Accessoires trägt man zum Dirndl?
4 Wie lang soll ein Dirndl sein?

a Mindestens bis zum Knie.
b Eine klassische Perlenkette passt gut zum Dirndl.
c Ballerinas sind toll, aber Pumps oder Sandalen sind auch perfekt.
d Ein klassisches Dirndl ist rot, blau oder grün.

✏️ Schreiben

6 Du bist Designer! Wie sieht dein Dirndl oder deine Lederhose aus? Schreib Sätze.

- Welche Farbe hat das Dirndl/die Lederhose?
- Welche Schuhe und Socken trägt man zum Dirndl/zur Lederhose?
- Welche Accessoires trägt man zum Dirndl/zur Lederhose?

siebenundachtzig

4 Sprachlabor

Irregular verbs in the present tense

Irregular German verbs have the same verb endings as regular verbs in the present tense.

ich	-e
du	-st
er/sie/es	-t
wir	-en
ihr	-t
sie/Sie	-en

In the present tense, the vowel in the middle of irregular verbs changes in the *du* and the *er/sie/es* forms. There are three different types of irregular verbs:

1 'a' to 'ä'	2 'e' to 'ie'	3 'e' to 'i'
ich f**a**hre	ich s**e**he	ich **e**sse
du f**ä**hrst	du s**ie**hst	du **i**sst
er/sie/es f**ä**hrt	er/sie/es s**ie**ht	er/sie/es **i**sst

1 Choose the correct form of the verb to complete each sentence.

a Er **trage/trägst/trägt** gern eine Mütze.
b Du **vergesse/vergisst/vergessen** nie deine Sonnenbrille.
c Ich **fahre/fährst/fährt** zum Einkaufszentrum.
d Karin **lese/liest/lesen** gern Modemagazine.
e Meine Eltern **fahre/fährt/fahren** gern zum Flohmarkt.
f **Sehe/Siehst/Sieht** du das tolle Kleid da?

2 Complete the sentences with the correct form of the verb in brackets.

a _____ du am Wochenende Rad? (*fahren*)
b Meine Schwester _____ immer die gleichen Klamotten. (*tragen*)
c Das Kleid _____ toll _____ . (*aussehen*)
d Wir _____ heute Abend einen Film. (*sehen*)
e Tanja, du _____ immer Hamburger. (*essen*)
f Timo _____ nie seine Tasche. (*vergessen*)

Accusative adjective endings

If you use an adjective **before** a noun, the adjective needs a correct ending according to the gender of the noun and the case.

After many verbs, including *tragen*, *kaufen* and *haben*, the noun is in the accusative case:

- *Ich **trage** ein**en** rot**en** Rock.* (m)

Here are the accusative adjective endings with the indefinite article (a):

	Accusative
m	ein**en** rot**en**
f	ein**e** rot**e**
n	ein rot**es**
pl	– rot**e**

3 Divide each chain of letters into separate words and write the sentences. Underline any indefinite articles (a) and circle the adjectives in each sentence.

a ErträgteinenschwarzenKapuzenpullover.
b SiekaufteinenweißenMantelundeineblaueHose.
c InderSchuletragenwireinegraueUniform.
d SiehateineschöneroteTascheausLeder.
e IchtragebrauneStiefelundwarmeHandschuhe.
f WirtragenimSommerbunteKlamotten.

4 Complete the sentences with the correct ending for each article and adjective. (Sometimes you won't have to add anything.) Then translate the sentences into English.

a Er hat ein__ schrecklich__ Stil. (m)
b Sie trägt ein__ bunt__ Jacke. (f)
c Anke kauft ein__ sehr elegant__ blau__ Mantel. (m)
d Ich habe ein__ schön__ schwarz__ Kleid. (n)
e Trägst du neu__ Turnschuhe? (pl)

4 Meine Klamotten

Possessive adjectives in the accusative case

The endings of possessive adjectives change depending on the gender and case of the noun.

After many verbs you need to use the accusative case for the object of the sentence.

Accusative	my	your	his	her/their	our
m	mein**en**	dein**en**	sein**en**	ihr**en**	unser**en**
f	mein**e**	dein**e**	sein**e**	ihr**e**	unser**e**
n	mein	dein	sein	ihr	unser
pl	mein**e**	dein**e**	sein**e**	ihr**e**	unser**e**

5 Complete the sentences with the correct possessive adjective in the correct form.

a Ich vergesse oft _____ Mantel. (m)
b Du vergisst nie _____ Sonnenbrille. (f)
c Moritz trägt gern _____ Turnschuhe. (pl)
d Trägst du heute _____ blaue Jacke? (f)
e Sie hat gestern _____ neuen Rock gekauft. (m)
f Meine Eltern kaufen _____ Klamotten im Einkaufszentrum. (pl)

6 Translate the sentences into English.

a Sie trägt oft ihren Lieblingsrock.
b Wo hast du deinen Kapuzenpullover gekauft?
c Er findet seine Klamotten sehr bequem.
d Ich habe meine Kette auf dem Flohmarkt gefunden.

7 Rewrite the sentences in activity 6 (a–d), changing the words indicated. Change the possessive adjective endings too.

a Lieblingsrock → Lieblingshose (f)
b Kapuzenpullover → Jacke (f)
c Klamotten → Hemd (n)
d Kette → Kleid (n)

Revising the perfect tense with haben and sein

In the perfect tense, most verbs take the **auxiliary verb** *haben*.

Verbs that indicate movement from one place to another or a change of state take the auxiliary verb *sein*. But note that the verb *bleiben* (to stay) also takes *sein* (*ich bin … geblieben*).

In the perfect tense, the past participle often starts with the prefix *ge-* and ends in either *-t* or *-en*. If the verb starts with *ge-*, *be-* or *ver-*, you **don't** need to add *ge-* to form the past participle.

8 Copy and complete the table with the past participles according to the auxiliary verb they take in the perfect tense.

gelaufen   gehört   gelesen
geschwommen   gekauft   gegangen
gekommen   gefunden   geflogen
besucht   vergessen   gewonnen

haben	sein

Aussprache: vowel changes in irregular verbs

Make sure you know how to pronounce the present tense forms of irregular verbs which have a vowel change in the second and third person singular forms (*du* and *er/sie/es*).

9 Listen and repeat. Then practise with your partner.

sehe   sieht   fahre   fährt   trage   trägst
esse   isst   vergesse   vergisst

10 Practise saying the tongue twisters.

1 Ich vergesse nichts, aber Vera vergisst immer ihre Brille.
2 Du siehst gut aus. Sehe ich auch gut aus?
3 Alex trägt immer Absatzschuhe, aber Anke und Anne tragen Armbänder.

neunundachtzig **89**

4 Was kann ich schon?

📖 Lesen

1 Was passt zusammen? Verbinde die Fragen (1–10) mit den Antworten (a–j).

1 Was trägst du auf einer Party?
2 Was trägt dein Bruder gern?
3 Was wird Jenny auf deiner Party tragen?
4 Wie ist dein Modestil?
5 Interessierst du dich für Trends?
6 Wo shoppst du gern?
7 Wo hast du deine Jacke gekauft?
8 Welches Kleidungsstück trägst du nie?
9 Wie findest du meinen Stil?
10 Sehe ich gut aus?

a Ich trage nie einen Kapuzenpullover.
b Ich trage normalerweise eine karierte Hose.
c Am liebsten im Internet.
d Er trägt gern Jogginghosen.
e Ja, du siehst elegant aus.
f Sie wird einen Rock oder ein Kleid tragen.
g Ich finde deinen Stil cool.
h Ich denke, mein Modestil ist sportlich.
i Ja, total! Mode ist mir wichtig.
j Auf einem Flohmarkt.

✓ 10

2 Füll die Lücken aus.

habe   bin   findest   lässig   goldene
Mode   Internet   Sonnenbrille
Boutiquen   Turnschuhe

Ich heiße Cornelia und interessiere mich sehr für **1** _____. Ich denke, mein Modestil ist ziemlich **2** _____, weil ich immer Jeans und **3** _____ trage. Wenn es sonnig ist, vergesse ich nie meine **4** _____.

Am liebsten gehe ich in kleinen **5** _____ shoppen. Ich kaufe manchmal Klamotten im **6** _____, weil das so praktisch ist.

Letzte Woche **7** _____ ich auf eine Party gegangen und **8** _____ meine neuen Ohrringe und eine **9** _____ Armbanduhr getragen. Wie **10** _____ du meinen Stil?

✓ 10

Max. ✓ 20 Punkte

🎧 Hören

3 Listen to Anja talking about her party outfit. Complete the sentences in English.

a Anja wore a _____ dress, which her friends said was _____. (2 marks)
b She bought the dress in a _____.
c _____ don't matter to her, but the _____ is important. (2 marks)
d Anja thinks that _____ suits her best.
e She would like a new _____ for the next _____. (2 marks)
f She will buy it in a _____, but she doesn't want to _____. (2 marks)

✓ 10

4 Listen to five teenagers talking about fashion. Are the statements true (T) or false (F)?

a Britta never buys clothes in second-hand shops.
b She likes checked clothes best.
c Jörg bought something online last week.
d He paid 52 euros.
e Zeki wanted a red jumper.
f He bought trousers instead.
g Accessories are important to Ilka.
h Her sister loves her style.
i Daniel's fashion style is quite alternative.
j He wore a black hoodie last week.

✓ 10

Max. ✓ 20 Punkte

4 Meine Klamotten

Schreiben

5 Bring die Wörter in die richtige Reihenfolge. Beginn mit dem **fettgedruckten** (*bold*) Wort.

a **Ich** in Designerläden gehe shoppen am liebsten.
b trägst du gern einer auf Party **Was**?
c **Er** schwarze Klamotten fast trägt immer.
d **Ich** Trends für interessiere mich.
e **Sie** überhaupt interessiert für Mode sich nicht.
f ihre kaufen im Internet **Sie** Klamotten am liebsten.
g gefahren **Wir** zum Flohmarkt sind.
h **Ich** den Flohmarkt habe besucht in Berlin.
i warme möchte **Ich** kaufen Handschuhe.
j wirst tragen **Was** du?

✓ 10

6 Was trägst du? Schreib Sätze auf Deutsch.

Beispiel: Ich trage ein braunes Cap.

brown

a red
b black
c striped
d checked

✓ 4

7 Übersetz die Sätze ins Deutsche.

a I'm wearing a blue jumper.
b Karin is wearing a new dress.
c I will wear a green jacket.
d I bought a grey T-shirt.
e Do you (*Sie*) have a striped shirt?
f He likes to go shopping at the flea market best.

✓ 6

Max. ✓ 20 Punkte

Deine Resultate

Wie viele Punkte hast du für Lesen, Hören und Schreiben?

Notiere deine Punktezahl.

bis zu 6 Punkten Gut gemacht! Mach die Bronze-Aktivität auf der nächsten Seite. — BRONZE

7–12 Punkte Prima! Mach die Silber-Aktivität auf der nächsten Seite. — SILBER

13–20 Punkte Fantastisch! Mach die Gold-Aktivität auf der nächsten Seite. — GOLD

einundneunzig 91

4 Vorankommen!

Bronze

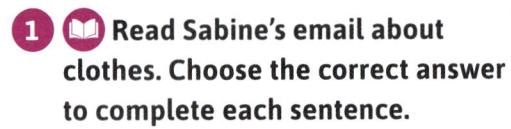

1 **Read Sabine's email about clothes. Choose the correct answer to complete each sentence.**

Von: sabine@echtmail.de

Gestern bin ich in die Stadt gegangen. Ich bin mit meiner Freundin Klara gegangen, weil mein Bruder keine Zeit hatte. Wir sind im Einkaufszentrum shoppen gegangen. Klara hat schöne Ohrringe gekauft, aber ich habe nichts gekauft.

Schwarz und weiß finde ich langweilig. Normalerweise trage ich gern bunte Klamotten und kombiniere alle Farben – gelb, grün und rot. Meine Freunde finden meinen Stil furchtbar.

a Sabine shopped with her **brother/friend**.
b They went to **a shopping centre/boutiques**.
c Sabine bought **earrings/nothing**.
d Normally Sabine wears **colourful/ black and white** clothes.
e Her friends find her style **alternative/terrible**.

2 **Listen and complete the table in English with the clothes each person (1–3) mentions.**

	Normally	Last week	Next week
1			

3 **Complete the sentences in German. Then translate them into English.**

a In der Schule trage ich _____, _____ und _____. (List three items and their colours.)
b Ich finde meine Schuluniform _____. (Give your opinion of your uniform.)
c In meiner Freizeit trage ich gern _____. (Say what you wear in your free time.)
d Letztes Wochenende habe ich _____ getragen. (Say what you wore last weekend.)
e Nächstes Wochenende werde ich _____ tragen. (Say what you'll wear next weekend.)

Silber

4 **Read Svenja's blog post about recycling old clothes and answer the questions in English.**

Ich bin Svenja. Mode spielt eine große Rolle in meinem Leben. Ganz wichtig ist mir auch die Umwelt. Wie ich Umwelt und Mode kombiniere? Ganz einfach.

Meistens kaufe ich meine Klamotten auf dem Flohmarkt. Ich tausche auch viele Klamotten mit meinen Freunden und Freundinnen. Zu Beginn habe ich das echt komisch gefunden. Ich habe mich gefragt: ist die Kleidung schmutzig? Ist die Kleidung kaputt? Jetzt finde ich es aber eine gute Idee.

Besonders gern bekomme ich Kleidung von meinem Freund Ben, denn sein Stil ist lässig und er hat coole Klamotten.

a Which two things are important to Svenja?
b Where does Svenja usually buy her clothes?
c How did she find swapping clothes at the beginning?
d Which two questions did she ask herself?
e Give two reasons why she likes swapping clothes with her friend Ben.

5 **Listen to Mohammed talking about his shopping trip. Complete the text in English.**

Mohammed needs a new bag because his old bag is **1** _____. He went shopping in a **2** _____. He found a **3** _____ bag, but it was made of **4** _____. The jumper wasn't the right **5** _____. He went home with **6** _____.

6 **Beschreib Andre (30–40 Wörter). Gib folgende Informationen auf Deutsch.**
Describe Andre (30–40 words). Give the following information in German.
- Was trägt er?
- Wie findest du seinen Stil?

92 zweiundneunzig

4 Meine Klamotten

Gold

7 Lies den Artikel über Raphaels Arbeit als Modedesigner. Wähl die richtige Antwort.

Hallo. Früher habe ich mich für Sport interessiert. Mode war nichts für mich. Das Interesse an Mode ist erst am Ende meiner Schulzeit gekommen. Meine Tante hat in einer Modeboutique gearbeitet und in der Boutique habe ich begonnen, verschiedene Kleidungsstücke zu kombinieren. Meine Tante hat gesagt, dass ich talentiert bin.

Ich habe dann Nähen und Schneidern gelernt. Zu Beginn war ich sehr schlecht, aber nach ein paar Monaten wurde ich besser. Ich habe sogar manche Kreationen verkauft. Da war mir klar, dass ich professioneller Modedesigner werden möchte.

<u>Ich habe Modedesign in Paris und London studiert. Das hat mir gut gefallen, aber jetzt bin ich in Österreich. Hier habe ich ein kleines Geschäft im Erdgeschoss mit einem Modeatelier im ersten Stock.</u>

Ich verwende nur natürliche Materialien für meine Kleidung und es ist mir wichtig, dass das Material aus der Umgebung kommt.

Raphael, 27 Jahre alt

a Raphael used to be interested in **fashion/sport**.
b His aunt worked in a **clothes shop/fashion school**.
c His aunt thought he was **talented/terrible**.
d He became good at sewing and tailoring **immediately/after a while**.
e He studied **abroad/in Austria**.
f Now he has a **small shop/large business**.
g He only uses **good-quality/natural** materials.

8 Übersetz die <u>unterstrichenen</u> Sätze in dem Artikel ins Englische.

9 Hör zu. Mia spricht über ihren Besuch auf dem Oktoberfest. Wähl die <u>vier</u> richtigen Sätze.

a Mia goes to *Oktoberfest* every year.
b All her friends wear traditional costumes.
c Mia wore her *Dirndl* when she went to *Oktoberfest*.
d They went to *Oktoberfest* in the afternoon.
e There weren't many people there so early in the day.
f Mia drank some beer.
g The atmosphere was fantastic.
h Mia will go to *Oktoberfest* again next year.

Nähen	sewing
Schneidern	tailoring
im Erdgeschoss	on the ground floor
das Modeatelier	fashion studio
im ersten Stock	on the first floor
aus der Umgebung	from the local area

10 Du bist Modedesigner/Modedesignerin. Schreib einen Text (zirka 80 Wörter).

- Beschreib deinen Stil.
- Was ist dein Lieblingsoutfit?
- Beschreib ein Outfit, das du zu einem offiziellen Event getragen hast.
- Beschreib dein nächstes Design für einen internationalen Star.

Extra

Research a famous German-speaking fashion designer for your writing in activity 10. You could find out about Karl Lagerfeld, Jil Sander or Guido Maria Kretschmer. Find examples of the designer's creations to describe.

dreiundneunzig 93

4 Vokabeln

🎵 4.1 Was trägst du gern?
What do you like wearing?

das Kleidungsstück	item of clothing
Welches Kleidungsstück trägst du immer/nie?	What item of clothing do you always/never wear?
Ich trage gern...	I like wearing...
Ich trage immer/nie...	I always/never wear...
das Cap	cap
das Hemd	shirt
die Hose	trousers
die Jacke	jacket
die Jeans	jeans
der Kapuzenpullover	hoodie, hooded sweatshirt
das Kleid	dress
der Mantel	coat
der Pullover	jumper, sweatshirt
der Rock	skirt
Stiefel (pl)	boots
das T-Shirt	T-shirt
Turnschuhe (pl)	trainers
am Wochenende	at the weekend
meistens	usually

🎵 4.2 Wie ist dein Stil?
What's your style?

Ich trage lieber...	I prefer wearing...
Ich trage am liebsten...	I like wearing ... best.
die Mode	fashion
das Accessoire	accessory
die Armbanduhr	watch
der Hut	hat
die Kette	chain, necklace
die Krawatte	tie
Ohrringe (pl)	earrings
der Ring	ring
Sneakers (pl)	trainers
die Sonnenbrille	sunglasses
die Tasche	bag
bunt	bright, colourful
gestreift	striped
golden	gold
groß	large
kariert	checked
kurz	short
lang	long
Wie ist dein Modestil?	What is your style/dress sense?
Mein Modestil ist...	My style/dress sense is...
Wie findest du meinen Stil?	How do you find my style?
Ich finde deinen Stil...	I find your style...
Wie sehe ich aus?	How do I look?
Du siehst super/gut/elegant aus.	You look great/good/elegant.
alternativ	alternative
cool	cool, trendy
furchtbar	awful
klassisch	classic
lässig	relaxed, casual
nicht zu schrecklich	not too awful
okay	OK
romantisch	romantic
sportlich	sporty

94 vierundneunzig

4 Meine Klamotten

4.3 Wo kaufst du lieber deine Klamotten?
Where do you prefer to buy your clothes?

Wo gehst du am liebsten shoppen?	Where do you most like to go shopping?
Wo kaufst du lieber deine Klamotten?	Where do you prefer to buy your clothes?
Klamotten (pl)	clothes (colloquial)
die Kleidung	clothing
Ich gehe am liebsten … shoppen.	Most of all I like shopping…
Ich gehe nicht gern … shoppen.	I don't like shopping…
Ich kaufe lieber meine Klamotten…	I prefer to buy my clothes…
Meine Eltern kaufen alle meine Klamotten.	My parents buy all my clothes.
auf dem Flohmarkt	at the flea market
im Einkaufszentrum	in the shopping centre
im Internet	on the internet
in Boutiquen	in boutiques
in Designerläden	in designer shops
in großen Städten	in big cities
in kleinen Läden	in small shops
in Secondhandläden	in second-hand shops
Letztes Wochenende bin ich in/im … shoppen gegangen.	Last weekend I shopped in…
Ich habe … gekauft.	I bought…
Ich habe es toll gefunden.	I thought it was great.

4.4 #Shoppen
#Shopping

(Die Jacke) wird teuer sein.	(The jacket) will be expensive.
Ich möchte zuerst einen/eine/ein … finden.	First I would like to find a…
Ich möchte einen/eine/ein … aussuchen.	I would like to choose a…
Ich suche einen/eine/ein …	I'm looking for a…
Ich werde einen/eine/ein … suchen.	I will look for a…
Ich werde ganz viel Geld für … ausgeben.	I will spend a lot of money on…
Das könnte interessant sein.	That could be interesting.
Das muss (alternativ) wirken.	It has to look (alternative).
die Lederjacke	leather jacket
das Paar (Sneaker)	pair (of trainers)
die silberne Kette	silver chain/necklace

4.5 Party!
Party!

letztes Jahr	last year
letzten Sommer	last summer
letzte Woche	last week
Ich habe … getragen/gegessen/getrunken.	I wore/ate/drank…
Das Wetter war…	The weather was…
Es gab…	There was/were…
Es hat Spaß gemacht.	It was fun.
nächstes Jahr	next year
nächsten Sommer	next summer
nächste Woche	next week
Ich werde nach … fahren.	I will travel to…
Ich werde … besuchen.	I will visit…
die Einladung	invitation
die Feier	party, celebration
das Fest/Festival	festival
das Fußballspiel	football match
das Konzert	concert
die Party	party
die Stimmung	mood
die Veranstaltung	event

fünfundneunzig 95

5 Virtuelle und reelle Welt
Los geht's!

1 Was machen Jugendliche mit dem Smartphone? Was passt zusammen?
Verbinde die deutschen Verben (1–9) mit den Apps (a–i).

1 Fotos machen
2 Musik hören
3 im Internet surfen
4 Videos anschauen
5 soziale Netzwerke benutzen
6 Mails schreiben und lesen
7 telefonieren
8 SMS schicken
9 die Wecker-App benutzen

2 Was machst du mit deinem Handy? Was machst du nicht?
Schreib mindestens <u>drei</u> Sätze. Beginne damit, was du am meisten machst. *(Start with what you do most.)*

Beispiel: Ich surfe immer im Internet.

	telefoniere.	
	höre	Musik.
	surfe	im Internet.
	schreibe/lese	Mails.
Ich	benutze	die Wecker-App/soziale Netwerke.
	schaue	Videos an.
	mache	Fotos.
	schicke	SMS.
	benutze kein Smartphone.	

💡 Tipp
Use adverbs of frequency (always, never, rarely, etc.) to provide more detail about how you use your phone:

immer   jeden Tag   jeden Abend
oft   manchmal   ab und zu
selten   nie

The adverb typically comes after the verb (*Ich mache jeden Tag Fotos*), but remember the 'verb-second' rule when you use adverbs at the start of the sentence (*Jeden Tag mache ich Fotos*).

96 sechsundneunzig

5 Virtuelle und reelle Welt

3 Wie benutzen Jugendliche in Deutschland Technologie?
Füll die Lücken mit der richtigen Prozentzahl aus.

90%

96% der Jugendlichen zwischen 12 und 18 Jahren benutzen regelmäßig digitale Medien. Welche Geräte benutzen sie?

44%

65%   **26%**   **12%**

Quelle: Apollo; Kantar TNS

a _____ benutzen digitale Medien.
b _____ lesen mit einem E-Book-Reader.
c _____ haben eine Spielkonsole.
d _____ haben ein Smartphone.
e _____ verwenden ein Tablet.
f _____ haben einen Computer.

🎭 Kultur

Over the past decade, the percentage of young people in Germany who say they are interested in politics has increased significantly. Many are becoming more engaged in issues that matter to them, such as young people's rights, social justice and protecting the environment. Under the hashtag #Fridays for Future, climate change activism has inspired thousands of German students to join school strikes in recent years, for example. Whether they are only active online or also 'in real life', the internet is an important space for young people to find out about political topics, debate with others and support specific causes.

4 Match the German TV programmes (1–6) to their British equivalents (a–f).

1 Let's Dance	a Who Wants to Be a Millionaire?
2 Ich bin ein Star – Holt mich hier raus!	b Britain's Got Talent
3 Wer wird Millionär?	c Strictly Come Dancing
4 Das große Backen	d Children in Need
5 Das Supertalent	e I'm a Celebrity… Get Me Out of Here!
6 Wir helfen Kindern	f The Great British Bake Off

🎭 Kultur

All the German programmes in activity 4 have a familiar format to those in the UK. German TV also shows popular American and other English-speaking programmes. These programmes are generally dubbed in German.

Let's Dance

siebenundneunzig

5.1 Kino, Kino

Objectives
- Talking about TV and film
- Using subordinate clauses with *weil* and *da*
- Inferring meaning

Lesen

1 Was passt zusammen? Verbinde die Fernsehsendungen (1–6) mit den Bildern (a–f).

Beispiel: **1** d

Ich sehe…
1. die Nachrichten (pl)
2. einen Zeichentrickfilm (pl: Zeichentrickfilme)
3. eine Reality-TV-Serie (pl: Reality-TV-Serien)
4. eine Sportsendung (pl: Sportsendungen)
5. eine Dokumentarsendung (pl: Dokumentarsendungen)
6. einen Krimi (pl: Krimis)

WeBlix ▼ Browse

Populär auf WeBlix
- a Die Hansens
- b UNSER PLANET
- c Aktuell

Neu auf WeBlix
- d SPORT-HIGHLIGHTS
- e Ohne Motiv
- f Made in München

Hören

2 Listen. What type of TV programme does each person like (1–6)? Make notes in English.

Extra
Listen again and write the reason for each person's choice.

Sprechen

3 Ihr seht heute Abend fern. Macht Dialoge.

> Was willst du heute Abend sehen? Warum?

> Ich will *Ich bin ein Star – Holt mich hier raus!* sehen, weil ich Reality-TV-Serien mag.

Grammatik p.110; WB p.53

Subordinate clauses with *weil* and *da*

The conjunctions *weil* and *da* both mean 'because' or 'as'. Use them to give a reason or justification for your opinions.

Remember that the verb goes to the end of the clause after *weil* or *da*:

Ich liebe Krimis, **weil** sie spannend **sind**.
Ich gehe nicht oft ins Kino, **da** es so teuer **ist**.

98 achtundneunzig

5 Virtuelle und reelle Welt

📖 Lesen

4 Lies die Blogeinträge. Finde die passenden Ausdrücke (a–d) auf Deutsch.

a romantic comedies   b adventure films   c foreign-language films   d horror films

> Ich gehe jeden Mittwoch ins Kino, denn dann ist Kinotag. Die Karte kostet nur die Hälfte. Ich habe gestern eine romantische Komödie gesehen und ich werde den Film nächste Woche nochmal sehen. Meine Freunde finden romantische Komödien zu kindisch aber ich nicht. Ich sehe nicht gern Abenteuerfilme, weil sie unrealistisch und nervig sind. Ich sehe eigentlich nie fern. **@KinoKati**

> Ich gehe jeden Monat ins Kino und ich sehe am liebsten Filme auf Französisch, Englisch oder Spanisch. Ich finde fremdsprachige Filme faszinierend, weil ich in der Schule gern Fremdsprachen lerne. Horrorfilme sind aber nichts für mich. Ich finde diese Filme nicht gruselig, sondern nur blöd. Ich sehe zu Hause nicht viel fern, da mein Fernseher so klein ist. **@FilmFeroza**

sondern nur — but just

5 Lies die Blogeinträge noch einmal. Wer sagt das: @KinoKati (KK) oder @FilmFeroza (FF)?

a Ich gehe einmal in der Woche ins Kino.
b Ich mag Filme in einer anderen Sprache.
c Der Fernseher zu Hause ist nicht groß genug.
d Meine Freunde sehen meine Lieblingsfilme nicht gern.
e Ich mag Horrorfilme nicht.
f Ich gehe ins Kino, wenn es nicht zu teuer ist.

⚙ Strategie

Inferring meaning

In reading and listening activities, you sometimes need to infer the meaning. For example, for sentence a in activity 5, @KinoKati doesn't actually say she goes to the cinema once a week, but you can work that out because she says she goes every Wednesday.

🔄 Übersetzen

6 Translate @FilmFeroza's blog entry into English.

🎧 Hören

7 Listen. What types of films do the teenagers (1–6) like (✔) and dislike (✘)? Make notes in English.

Example: 1 ✔ horror, ✘ Bollywood

8 Listen again and write the reasons for the teenagers' (1–6) likes and dislikes in English.

✏ Schreiben

9 Schreib 40–60 Wörter für eine Diskussion auf einem sozialen Netzwerk. Was für Filme magst du (nicht) und warum?

- Was sind deine Lieblingsfilme?
- Was für Filme siehst du gern? Warum?
- Was für Filme siehst du nicht gern? Warum?
- Welchen Film hast du als letztes gesehen? Wie hast du den Film gefunden?

💡 Tipp

Use different ways of expressing your likes and dislikes and give reasons using *weil* and *da*.

Meine Lieblingsfilme sind..., da...
Ich sehe (nicht) gern..., weil...
Ich mag ... (nicht).
Mir gefallen ... (nicht).

neunundneunzig 99

5.2 Musik liegt in der Luft

Objectives
- Talking about different types of music
- Using time–manner–place word order
- Learning the question words

🔄 Übersetzen

1 Translate the types of music on the playlist into English.

Example: **a** German pop

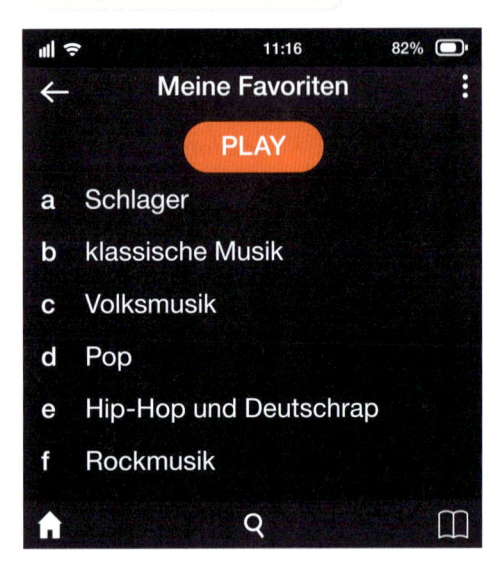

Meine Favoriten
- a Schlager
- b klassische Musik
- c Volksmusik
- d Pop
- e Hip-Hop und Deutschrap
- f Rockmusik

📖 Lesen

2 Was passt zusammen? Verbinde die Fragen (1–6) mit den Antworten (a–f).

1 Was für Musik hörst du gern? Warum?
2 Wer ist dein Lieblingssänger oder deine Lieblingssängerin?
3 Wie hörst du Musik?
4 Wo hörst du Musik?
5 Was hast du als letztes gehört?
6 Wann bist du zuletzt auf ein Konzert gegangen?

a Das neue Lied von Mark Forster.
b Rockmusik und Dance-Musik, weil sie einen tollen Rhythmus haben.
c In meinem Zimmer.
d Auf meinem Handy mit Kopfhörern.
e Das ist Mark Forster.
f Letztes Wochenende in der Konzerthalle.

💬 Sprechen

3 👥 Stellt und beantwortet die Fragen aus Aktivität 2. Jede Person stellt <u>drei</u> Fragen.

⚙ Strategie

Learning the question words

Make sure you learn all the question words:

Was? Wer? Wo? Wie? Wann? Warum? Was für? (What type/sort of?)

Don't mix up *wer* (who) and *wo* (where)!

📖 Lesen

4 Read what Kai, Nina and Lars say about music. Translate the highlighted phrases into English.

Ich spiele jeden Mittwoch mit meinen Freunden im Keller in einer Band. Wir machen Rockmusik und ich spiele E-Gitarre. **Kai**

Ich höre meistens allein in meinem Zimmer Schlager, weil meine Familie diese Musik schrecklich findet. **Nina**

Meine Eltern gehen oft mit mir und meiner Schwester in die Kirche, da meine Schwester im Gospel-Chor singt. Letzte Woche sind wir zusammen auf ein Gospelfestival gegangen. **Lars**

Aa Grammatik p.110; WB p.55

Time–manner–place word order

When you speak or write in German, it's important that any pieces of information about <u>time</u>, <u>manner</u> and <u>place</u> are mentioned in exactly that order in a sentence.

Look at the examples in activity 4.

100 hundert

5 Virtuelle und reelle Welt

Schreiben

5 Schreib die Sätze richtig auf.

a IchhöreamliebstenmitmeinenFreundenMusik.
b ErhörtjedenTagalleininseinemZimmerRockmusik.
c IchhabezuletztamWochenendeinmeinemBettMusikgehört.
d IchhabealsletztesaufmeinemHandyeinenPodcastgehört.

Hören

6 Hör zu. Leonie spricht über Musik, die sie hört. Wähl die richtige Antwort.

a Leonie findet Musik **unwichtig/wichtig/nervig**.
b Sie hört **meistens/immer/oft** morgens Musik.
c Sie hört am Morgen **Rockmusik/Schlager/klassische Musik**.
d **Im Schulbus/In der Schule/Nach der Schule** hört sie Schlager.
e Sie hört Schlager, weil **sie mitsingen kann/das entspannend ist/das einen guten Rhythmus hat**.
f Leonie hört Musik bei den Hausaufgaben und ihre Mutter findet das eine **schlechte/gute/super** Idee.
g Leonie findet klassische Musik **nervig/langweilig/entspannend**.

Lesen

7 Listen and read the interview with Julia. Answer the questions in English.

Hallo Julia. Du bist sehr musikalisch und spielst in einer Band.

Ja, ich spiele jeden Mittwoch und Freitag in einer Band. Ich bin leidenschaftliche Musikerin. Ich spiele drei Instrumente – Gitarre, Schlagzeug und auch Klavier. Singen ist aber nichts für mich. Meine Stimme ist echt nicht gut.

Und welche Musik macht deine Band?

Wir spielen meistens Dance-Musik auf Partys, weil das rhythmisch und total beliebt ist. Ich persönlich höre aber alle Arten von Musik, zum Beispiel Balladen, weil sie entspannend und melodisch sind. Für mich ist die Melodie alles. Die Texte sind nicht so wichtig.

Gehst du auch auf Konzerte?

Ja. Ich bin letzte Woche auf ein Tim Bendzko-Konzert gegangen. Der macht deutschen Pop zum Tanzen. Ich war aber auch schon auf Schlagerkonzerten, zum Beispiel von Andrea Berg. Vor zwanzig Jahren war Schlager total out, aber jetzt ist er wieder beliebt.

Musik ist wirklich dein Leben, oder?

Ja, ich höre immer Musik. Auf der Straße und zu Hause höre ich immer mit Kopfhörern, weil der Bass-Sound so laut ist. Meine Eltern sagen immer, dass meine Musik zu laut ist.

leidenschaftlich keen/passionate

a Which instruments does Julia play? (**three** details)
b What does she say about her voice?
c Which type of music does her band play and why? (**three** details)
d Why does she like listening to ballads? (**two** details)
e Which is more important to her: the melody or the lyrics?
f What does she say about *Schlager* 20 years ago?
g Why does she wear headphones at home?

Schreiben

8 Wann, wie, wo und warum hörst du Musik? Schreib einen langen Satz. Denk an die Wortstellung. (*Think about the word order.*)

5.3 Sicher im Internet

Objectives
- Talking about the internet and social media
- Expressing opinions using *dass*
- Building more complex sentences

💬 Sprechen

1 „Wie oft benutzt du das Internet? Was machst du im Internet?"
Macht eine Umfrage in kleinen Gruppen.

Ich	benutze	das Internet	eine Stunde/zwei Stunden pro Tag.
			nie.
Ich	lade	Musik	runter.
	chatte	mit Freunden/der Familie.	
	spiele	Computerspiele.	
	kaufe	Klamotten/Geschenke/Make-up.	
	benutze	soziale Medien.	

🎁 Extra

Try to extend the conversation by also discussing your opinions of particular ways of using the internet:

Wie findest du das?

Ich finde das gut/praktisch/zu lang/…

📖 Lesen

2 Was sind die Vorteile und Nachteile (*advantages and disadvantages*) des Internets und der sozialen Medien? Verbinde die Sätze (1–10) mit den Übersetzungen (a–j).

1. Man kann mit Freunden sprechen.
2. Man ist nicht aktiv genug.
3. Man kann unabhängig sein.
4. Man verbringt nicht genug Zeit mit Freunden und der Familie.
5. Man schläft nicht genug.
6. Man findet immer den Weg.
7. Man spricht vielleicht mit Fremden.
8. Man findet viele Informationen.
9. Man kann mit Freunden im Ausland in Kontakt bleiben.
10. Es gibt Cyber-Mobbing.

a. You don't sleep enough.
b. You can speak with friends.
c. You always find the way.
d. There is cyber-bullying.
e. You don't spend enough time with friends and family.
f. You can be independent.
g. You can stay in contact with friends abroad.
h. You find a lot of information.
i. You aren't active enough.
j. You might speak with strangers.

🎧 Hören

3 How do the people (1–6) feel about the internet and social media? Listen and write P (positive), N (negative) or P+N (both). Listen again and write the reason in English.

Example: 1 P – You find a lot of information.

| behindert | disabled |

102 hundertzwei

5 Virtuelle und reelle Welt

✏️ Schreiben

4 Bring die **fettgedruckten** Wörter in die richtige Reihenfolge.

a Ich denke, dass **viele Informationen man findet**.
b Ich glaube, dass **Nachteile das Internet hat**.
c Ein Vorteil ist, dass **sprechen man kann mit Freunden**.
d Ein Nachteil ist, dass **nicht ist aktiv genug man**.
e Meine Eltern denken, dass **nicht mehr ich genug schlafe**.
f Meine Mutter glaubt, dass **gibt es Cyber-Mobbing zu viel**.

> **Grammatik** p.111; WB p.57
>
> **Expressing opinions using *dass***
>
> Like *weil* and *wenn*, *dass* (that) is a subordinating conjunction which sends the verb to the end of the clause.
>
> *Ich denke, **dass** das Internet Vorteile **hat**.*
>
> If you use a modal verb + infinitive with *dass*, the **modal verb** goes to the end of the clause, after the infinitive:
>
> *Ich glaube, **dass** man Informationen finden **kann**.*

📖 Lesen

5 Füll die Lücken aus. Du brauchst nicht alle Wörter zu benutzen.

| Handy | Freunden | einkaufen | wichtig | interessant |
| hören | Fremden | Computerspiele | Nachteile | nicht |

Hallo ich bin's, Tobi. Das Internet und soziale Medien sind mir **1** _____, aber es gibt Vorteile und **2** _____. Hier sind also ein paar Tipps von mir.

- Es ist toll, dass man mit **3** _____ auf der ganzen Welt in Kontakt bleiben kann, aber es ist auch wichtig, dass man Freunde persönlich trifft.
- Viele Kinder und Jugendliche schlafen **4** _____ genug. Man soll mindestens acht Stunden schlafen, aber viele Teenager gucken auf das **5** _____ im Bett. Vor dem Schlafen kannst du lesen oder Musik **6** _____.
- Und natürlich ist es ganz wichtig, dass du nicht mit **7** _____ sprichst.

🔄 Übersetzen

6 Translate the last two bullet points from Tobi's blog post into English.

> **Strategie**
>
> **Building more complex sentences**
>
> You can make any sentence more complex by using conjunctions to add more information. One way of doing this is to add an **opinion** and a reason.
>
> *Das Internet ist nützlich.*
> ↓
> ***Ich denke**, **dass** das Internet nützlich ist.*
> ↓
> ***Ich denke**, **dass** das Internet nützlich ist, denn ich kann Informationen finden.*

💬 Sprechen

7 👥 Macht Dialoge.

- Wie oft benutzt du täglich das Internet?
- Was machst du im Internet?
- Was denkst du über das Internet und soziale Medien?
- Wie finden deine Eltern das Internet, Handys und soziale Medien?

hundertdrei 103

5.4 Technologie heute und damals

Objectives
- Talking about technology today and in the past
- Recognising and using the imperfect tense
- Narrating events in the past

📖 Lesen

1 Wer sagt das: Lili (L) oder ihre Oma (O)?

a Es gab keine Computer und Handys.
b Es gibt fast überall Computer und Handys.
c Ich habe meine Hausaufgaben nur im Heft gemacht.
d Ich las jede Woche eine Zeitschrift.
e Ich mache oft auf meinem Computer Hausaufgaben.
f Ich hörte Musik im Radio.
g Ich schreibe eine WhatsApp aus den Ferien.
h Ich schrieb Postkarten aus den Ferien.
i Ich höre Musik auf dem Handy.
j Ich lese Blogs und Artikel im Internet.

🎧 Hören

2 Hör zu und füll die Lücken aus.

Herr Brahms: die 1970er Jahre

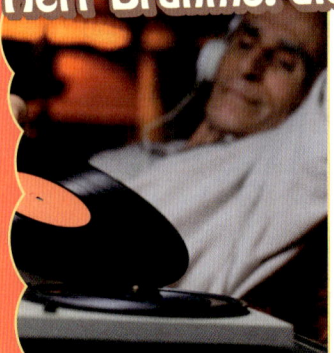

a Es gab wenig _____.
b Ich hatte keinen _____.
c Ich war ein typischer _____.
d Ich kaufte jede Woche eine _____.
e Ich interessierte mich für Musik und _____.
f Ich hörte Musik nie _____, sondern nur _____ oder auf einem Plattenspieler.

Dominik: die 2020er Jahre

g Es gibt sehr viel _____ heutzutage.
h Ich habe _____, _____ und _____ in meinem Zimmer.
i Ich interessiere mich für _____ und _____.
j Ich finde _____.
k Ich höre gern _____ und ich kaufe _____ auf Musikplattformen.

der Plattenspieler — record player

Aussprache: r

At the beginning or the middle of a word, the German r has a rolling/vibrating sound that comes from the back of your throat.

👥 Practise saying this sentence with your partner:

Herr Brahms hörte Rockmusik im Radio.

Aa Grammatik   p.111; WB p.59

The imperfect tense

Regular verbs follow this pattern in the imperfect (past) tense:

kaufen (to buy)	
ich	kauf**te**
du	kauf**test**
er/sie/es	kauf**te**
wir	kauf**ten**
ihr	kauf**tet**
sie/Sie	kauf**ten**

104 hundertvier

5 Virtuelle und reelle Welt

Lesen

3 Wähl das richtige Verb.

a 1960 **gibt/gab** es keine Computer in der Schule.
b Heute **haben/hatten** viele Jugendliche Smartphones.
c Ich bin 14 Jahre alt und **interessiere/interessierte** mich für die Umwelt.
d Früher war ich oft im Internet und **höre/hörte** dort Musik.

Hören

4 Hör zu. Sind die Sätze (1–8) im Präsens (P) oder Imperfekt (I)? Schreib das Verb aus jedem Satz.

Beispiel: **1** P – gibt

Tipp

Look for clues, such as time markers or any other verbs in the sentence, to help you decide if you need a verb in the present tense or imperfect tense. Try to also learn some key time indicators for referring to the past, such as *in der Vergangenheit* (in the past), *früher* (previously) or *als ich jünger war* (when I was younger).

Lesen

5 Read Monika's text about life and technology in the 1990s. Answer the questions in English.

Die 1990er Jahre

Natürlich hatten wir Technologie in den 1990er Jahren. Es gab Computer, aber sie waren langsam. Man ging oft ins Internetcafé, weil nicht viele Menschen einen Computer zu Hause hatten. Wir spielten Computerspiele, aber sie waren ganz einfach. Es gab ein großes Problem: wenn eine Person das Internet benutzte, konnte man nicht mehr telefonieren!

Es gab keine Smartphones und die Handys waren sehr groß. Ich fand meinen Discman total cool. Ich hörte immer Musik darauf.

a What were computers like?
b Why did people often go to internet cafés?
c What were computer games like?
d What happened when someone in the household used the internet?
e What does Monika mention about mobile phones? (**two** details)

Strategie

Narrating events in the past

When talking or writing about events in the past, you usually need the perfect tense, but make sure you also learn the verb forms that are more commonly used in the imperfect tense, such as *ich hatte* (I had), *es war* (it was) and *es gab* (there was/were). Learn to recognise the imperfect tense of other verbs too when you are reading.

Sprechen

7 Stell dir vor, wir sind im Jahr 2050. Mach eine Präsentation.

- Was für Technologie hattest du als Teenager?
- Was machtest du mit deiner Technologie?
- Was interessierte dich?
- Was fandest du gut oder schlecht?

Schreiben

6 Wie war die Technologie in den 1980er Jahren und wie ist sie jetzt? Such im Internet Informationen darüber und schreib 70–90 Wörter.

hundertfünf

5.5 Ich engagiere mich

Objectives
- Talking about volunteering projects
- Revising the use of different tenses
- Recognising and using compound nouns

Übersetzen

1 Übersetz die Wörter (a–f) ins Deutsche. Wähl den richtigen Wortanfang und das richtige Wortende.

a animal protection
b environmental protection
c helping people with disabilities
d helping the elderly
e helping homeless people
f helping refugees

Alten-   Tier-   Behinderten-   Umwelt-

Flüchtlings-   Obdachlosen-

-hilfe   -schutz

Strategie

Recognising and using compound nouns

In German, longer nouns are often made by putting two or more words together. The compound noun is always the same gender as the last word.

das Projekt + *die* Umwelt →
das Umwelt*projekt*

What do you think these compound nouns mean?
Sozialprojekt   Suppenküche   Naturschutz

Can you find a synonym for *Naturschutz* in activity 1?

Lesen

2 Read what the young people do to support charitable causes. Translate the sentences into English.

1. Ich verkaufe Kuchen.
2. Ich arbeite in einem Tierheim.
3. Ich spende Geld.
4. Ich helfe Menschen.
5. Ich unterrichte Deutsch.
6. Ich gehe einkaufen.
7. Ich sammle Geld.
8. Ich sammle Abfall auf.

⚠ **Achtung!**
Watch out for 'false friends'. The verb *spenden* means 'to donate', not 'to spend'.

106 hundertsechs

5 Virtuelle und reelle Welt

🎧 Hören

3 🎵 Listen to the teenagers (1–5) talking about a charity project. Copy and complete the table in English.

	Charity project	How they help
1		

das Wohltätigkeitsprojekt — charity project
Asylsuchende (pl) — asylum seekers

Aa Grammatik — WB p.61

Revising the use of different tenses

<u>Present tense</u> verb forms are usually one word in German:
Ich **arbeite** in einem Altenheim.

The <u>perfect (past) tense</u> is formed with two words:
Ich **habe** am Strand Abfall **aufgesammelt**.
Ich **bin** für einen alten Mann einkaufen **gegangen**.

The <u>future tense</u> is also two words:
Ich **werde** Geld **sammeln**.

💬 Sprechen

4 👥 Würfelspiel! Werft den Würfel dreimal. Benutzt die Sätze aus Aktivität 2 (1–6).

Beispiel:
- Was machst du für das Projekt?
- ⚀ Ich verkaufe Kuchen.
- Was hast du gemacht?
- ⚄ Ich habe Menschen geholfen.
- Was wirst du in Zukunft machen?
- ⚅ Ich werde einkaufen gehen.

🧩 Sprachmuster

Present: Ich verkaufe/arbeite/spende/helfe/unterrichte/gehe…

Perfect (past): Ich habe … verkauft/gearbeitet/gespendet/geholfen/unterrichtet.
Ich bin … gegangen.

Future: Ich werde … verkaufen/arbeiten/spenden/helfen/unterrichten/gehen.

📖 Lesen

5 Read about three students' experiences of a class volunteering project. Are the statements true (T), false (F) or not in the text (NT)?

Ich habe bei einem Umweltprojekt geholfen. Wir haben Abfall aufgesammelt. Ich interessiere mich auch für Menschen und werde in Zukunft mit Kindern arbeiten. **Lina**

Ich habe am Wochenende in einem Altenheim gearbeitet. Es war anstrengend, aber es hat auch Spaß gemacht. In Zukunft werde ich bei einem Umweltprojekt helfen. **Barbara**

Ich komme aus Syrien und bin 2016 nach Deutschland gekommen. Ich spreche jetzt gut Deutsch. Für mein Projekt habe ich mit Flüchtlingskindern gespielt und deutsche Bücher gelesen. **Hassan**

a Lina worked for a homeless project.
b Lina enjoyed her project.
c Barbara worked in a home for the elderly.
d Barbara wants to work with the elderly in future.
e Hassan came to Germany with his family.
f Hassan speaks good German now.

hat bei … geholfen — helped with (perfect tense of *helfen*)

✏️ Schreiben

6 Wie engagierst du dich? (*How do you get involved in causes?*) Beschreib ein Projekt. Das kann auch etwas sein, was du früher gemacht hast oder in Zukunft machen wirst.

hundertsieben **107**

5 Kultur

Vom Jugendparlament zur Lindenstraße

Lesen

1 Read the article about the *Pfand* system in Germany. Complete the sentences in English.

Der Pfandautomat

Wenn man in Deutschland ein Getränk in der **Flasche** oder in der Dose kauft, zahlt man immer etwas extra. Zum Beispiel zahlt man für eine Flasche Cola 25 Cent extra. Das extra Geld heißt ‚Pfand'.

Später **bringt** man die leere Flasche oder Dose wieder ins Geschäft und man bekommt **Geld** zurück: die 25 extra Cent. Deshalb gibt es nicht so viel **Abfall** auf der Straße.

In vielen Supermärkten gibt es Pfandautomaten. Man wirft die Flasche oder Dose in diese **Maschine**, drückt einen **Knopf** und dann bekommt man einen Bon. Mit dem Bon kann man Geld bekommen oder im Supermarkt **einkaufen**.

a When you buy a drink in a _____ or in a can, you pay extra.
b Later, you _____ the empty container back to the shop.
c You get _____ back when you return the container.
d Because of that, there isn't so much _____ in the street.
e In supermarkets, you throw your container into a _____.
f Then you press a _____ and get a voucher.
g With your voucher, you can receive money or you can _____ in the supermarket.

> Since 2003 in Germany, a *Pfand* (deposit) has been included by law in the price of certain drinks to encourage customers to return the bottles and cans. It's added to sparkling or still mineral water, beer and fizzy soft drinks, such as cola and lemonade, but not to other still drinks, such as milk. When you see *Pfandflasche*, *Mehrwegflasche* or *Leihflasche* on the container, you know that *Pfand* has been added on. If you see the word *Einwegflasche* (single-use bottle), the container goes in the recycling bin.

Hören

2 Hör zu. Fatima spricht über ihren Besuch im österreichischen Jugendparlament. Wähl die richtige Antwort.

a Fatima war **letzte Woche/letztes Jahr** beim Jugendparlament.
b Das Jugendparlament dauert zwei **Tage/Wochen**.
c Das Jugendparlament ist für Jugendliche in der **neunten/zehnten** Klasse.
d Man spricht über Themen wie **Flüchtlingshilfe/Umweltschutz**.
e Fatima findet die Themen sehr **interessant/wichtig**.
f Am ersten Tag trifft man Politiker und **Lehrer/Jugendliche**.
g Fatima hat im Jugendparlament **gespielt/gesprochen**.
h Fatima hat das Erlebnis **nützlich/spannend** gefunden.

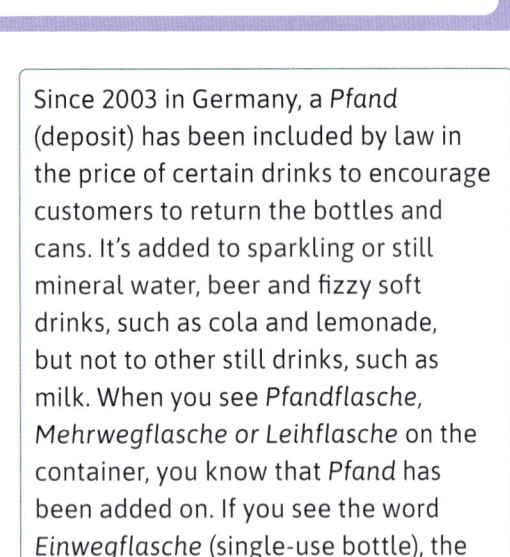

5 Virtuelle und reelle Welt

📖 Lesen

3 Lies die Fakten über die *Lindenstraße*, eine deutsche Seifenoper (*soap opera*). Richtig (R), falsch (F) oder nicht im Text (NT)?

Die Lindenstraße – Ende einer Tradition

Lindenstraße, so heißt die erste deutsche Seifenoper.

Die Serie begann am 8. Dezember 1985. Viele Szenen waren in einem Wohnhaus in der Lindenstraße.

Im Jahr 2020 wohnten natürlich andere Personen in den Wohnungen, aber die Figur Helga Beimer wohnte immer noch im ersten Stock links.

Vasily Sarikakis war eine wichtige Figur in der Serie. Er hatte ein griechisches Restaurant ‚Akropolis'. Die anderen Figuren in der Seifenoper haben sich oft in seinem Restaurant getroffen.

Am 29. März 2020 war die letzte Episode der *Lindenstraße*. Obwohl die Serie zu Ende ist, wird sie immer ein Kult bleiben.

| obwohl | although |

a *Lindenstraße* war eine Reality-TV-Serie.
b Das Wohnhaus in der Serie war gelb.
c Helga Beimar wohnte im ersten Stock.
d Es gab in der Serie ein italienisches Restaurant.
e Vasily Sarikakis hatte ein Kind.
f Die Serie *Lindenstraße* gibt es jetzt nicht mehr.

4 Was passt zusammen? Verbinde die Fragen (1–6) mit den Antworten (a–f).

1 Wie heißt deine Lieblingsserie?
2 Warum magst du die Serie?
3 Worum geht es in *Bibi & Tina*?
4 Wer ist deine Lieblingsfigur? Warum?
5 Wann hast du die Serie zuletzt gesehen?
6 Wann wirst du sie als nächstes sehen?

a Ich werde sie am Wochenende sehen.
b Meine Lieblingsserie heißt *Bibi & Tina*.
c Meine Lieblingsfigur ist Bibi, weil sie frech ist und hexen kann.
d Ich finde sie sehr spannend und lustig.
e Ich habe sie vor drei Tagen gesehen.
f Es geht um Bibi, eine Hexe, und ihre Freundin Tina.

Worum geht es?	What's it about?
Es geht um…	It's about…
die Hexe	witch
hexen	to do magic

💬 Sprechen

5 👥 Macht Dialoge. Benutzt die Fragen aus Aktivität 4. Verändert die unterstrichenen Details in euren Antworten.

5 Sprachlabor

Word order after *weil*, *da* and *denn*

Use the conjunction *weil* (because) or *da* (because/as) to add a reason to a sentence. Both *weil* and *da* send the verb to the end of the clause. If you use a modal verb in the sentence, the modal verb moves to the end.

You can also use the conjunction *denn* (because), which does not change the word order.

Remember to put a comma before *weil*, *da* and *denn*.

1 Match the beginning and ending of the sentences.

1 Ich höre nicht gern Rockmusik, denn
2 Ich sehe nicht gern Horrorfilme, weil
3 Sie arbeitet mit Flüchtlingen, da
4 Wir gehen zusammen ins Konzert, denn
5 Er hört Musik mit Kopfhörern, da
6 Wir arbeiten in einem Zoo, weil

a seine Eltern seine Musik zu laut finden.
b sie ist zu aggressiv.
c sie gruselig sind.
d sie gern Menschen hilft.
e wir Tiere lieben.
f wir lieben diese Sängerin.

2 Put the words in the second half of each sentence in the correct order.

a Meine Lieblingsmusik ist Pop, mitsingen da kann ich.
b Max hört gern Dance-Musik, ist weil er DJ.
c Wir benutzen das Internet, denn Hausaufgaben es nützlich ist für.
d Katharina hilft im Altenheim, wichtig weil findet sie es.
e Er hilft Tieren, interessiert da er Tiere sich für.
f Ich sehe gern fremdsprachige Filme, ich liebe denn Französisch.

Time–manner–place word order

In German, information about time, manner and place (TMP) always appears in that order.

Ali spielt [jeden Tag] [mit Freunden] [in einer Band].

The time, manner and place elements don't have to be next to each other, as long as the order is correct. The rule applies to sentences in any tense.

[Jeden Tag] hat Ali [mit Freunden] [in einer Band] gespielt.

The TMP word order still applies when there are just two elements in a sentence.

3 Identify whether the phrases express time (T), manner (M) or place (P). Then translate the phrases into English.

a zu Hause   b jeden Tag   c ins Konzert
d mit Freunden   e mit meinen Eltern
f auf meinem Handy   g manchmal
h im Wohnzimmer   i letztes Wochenende
j in meinem Zimmer   k am Abend   l allein

4 Identify the time, manner and place elements in the sentences. Then translate the sentences into English.

a Ich bin am Freitag mit meiner Schwester ins Konzert gegangen.
b Ich höre gern am Abend allein in meinem Zimmer klassische Musik.
c Er darf nie in der Schule Musik hören.
d Er möchte am Wochenende mit seinen Freunden in den Park gehen.

5 Write four sentences using all of the phrases from activity 3. Try to use different tenses and personal pronouns.

hundertzehn

5 Virtuelle und reelle Welt

Expressing opinions using *dass*

You can use the conjunction *dass* (that) in phrases such as:

Ich denke, dass…	I think that…
Ich glaube, dass…	I believe that…
Ich finde, dass…	I find/think that…
Ein Vorteil/Nachteil ist, dass…	One advantage/disadvantage is that…

The word *dass* is a subordinating conjunction, so it sends the verb to the end.

6 Match the English phrases with the German translations.

1 He believes that…
2 One advantage is that…
3 We think that…
4 She finds that…
5 One disadvantage is that…
6 Do you think that…?

a Wir denken, dass…
b Er glaubt, dass…
c Ein Nachteil ist, dass…
d Denkst du, dass…?
e Ein Vorteil ist, dass…
f Sie findet, dass…

7 Put the words in the second half of each sentence in the correct order.

a Er glaubt, dass zu kindisch sind romantische Komödien.
b Ein Vorteil ist, dass viele Informationen im Internet es gibt.
c Karin glaubt, dass ganz Tierschutz wichtig ist.
d Meine Eltern glauben, dass fernsehen wir zu viel.
e Sie finden, dass Teenager das benutzen zu oft Internet.
f Ich finde es schlecht, dass manchmal langsam mein ist Internet.

The imperfect tense

The imperfect tense is a past tense often used in formal writing, such as newspaper articles and stories. It's used in speech for only a few verbs, including *haben*, *sein*, *müssen* and in the phrase *es gab* (there was/were).

Regular verbs such as *kaufen* lose the *-en* ending and take the same pattern of endings as *spielen* in the table below. For **irregular** verbs, the imperfect is formed with an irregular stem, such as *hat* or *war*.

Learn also to recognise *ging* (went), *fuhr* (went/travelled), *las* (read) and *schrieb* (wrote).

	spielen	haben	sein
ich	spiel**te**	hat**te**	war
du	spiel**test**	hat**test**	war**st**
er/sie/es	spiel**te**	hat**te**	war
wir	spiel**ten**	hat**ten**	war**en**
ihr	spiel**tet**	hat**tet**	war**t**
sie/Sie	spiel**ten**	hat**ten**	war**en**

8 Choose the correct answer to complete each sentence.

a Er **hatte/hattest/hattet** als Kind keinen Computer.
b Meine Eltern **spielte/spieltest/spielten** Musik.
c Im Jahr 1980 **war/warst/waren** Handys sehr groß.
d Mutti, **interessierte/interessiertest/interessierten** du dich als Teenager für die Umwelt?
e 1995 **kaufte/kauftest/kauften** nicht viele Menschen im Internet ein.

Aussprache: *z*, *ts* and *t*

The letters 'z', 'ts' and the 't' sound in words such as *Information* are all pronounced like the sound 'ts' in English.

9 Listen and repeat. Then practise with your partner.

Zeitung   Zebra   Sozialprojekt   Schnitzel
Situation   nichts   rechts

10 Practise saying the tongue twister.

Zach liest selten Zeitungen und Sara isst selten Tsatsiki.

hundertelf 111

5 Was kann ich schon?

Lesen

1 Füll die Lücken aus.

Abenteuerfilme gefährlich Vorteil
gesehen dass Volksmusik das
interessiere gehört Nachrichten

Ich **1** _____ mich für Dokumentarsendungen. **2** _____ gefallen mir nicht. Ich mag die **3** _____, weil sie wichtig sind. Letzte Woche habe ich einen Science-Fiction-Film **4** _____, aber **5** _____ war nichts für mich. Meine Eltern denken, dass das Internet **6** _____ ist. Aber ein **7** _____ vom Internet ist, **8** _____ man mit Freunden chatten kann. Gestern Abend habe ich auch im Internet Musik **9** _____. Hörst du gern **10** _____?

✓ 10

2 Read Fabian's blog post. Are the statements true (T) or false (F)?

Ich gehe zweimal im Monat ins Kino. Ich gehe manchmal mit meiner Familie, aber meistens gehe ich mit meinen Freunden. Ein Nachteil ist, dass das Kino zu teuer ist. Horrorfilme gefallen mir, aber meine Freunde sehen lieber fremdsprachige Filme, besonders spanische Filme. Ich spreche aber kein Spanisch, nur Deutsch und Englisch.
Ich sehe auch zu Hause fern. Ich sehe am liebsten Zeichentrickfilme. Ich sehe nie Reality-TV-Serien, weil sie so blöd sind. Wir haben nur einen Fernseher zu Hause. Manchmal muss ich deshalb auf meinem Handy fernsehen, aber der Bildschirm ist mir zu klein.

a Fabian goes to the cinema twice a month.
b He mostly goes to the cinema with his family.
c He finds going to the cinema good value.
d He likes horror films.
e He also likes foreign-language films.
f He speaks English.
g He likes watching cartoons most of all.
h He also sometimes watches reality TV shows.
i Fabian's family has one television at home.
j Fabian enjoys watching TV on his mobile phone.

✓ 10

Max. ✓ 20 Punkte

Hören

3 Listen to the people (1–5) talking about their interests. Write the two correct letters (a–j) for each person.

a clothes
b the environment
c animal protection
d helping people with disabilities
e watching videos
f sport
g healthy living
h helping elderly people
i cinema and films
j technology

✓ 10

4 Listen to Daria talking about her interests. Choose the correct answer to complete each sentence.

a Daria **always/sometimes** listens to music.
b The type of music depends on **the time of day/what she is doing**.
c When she does her homework, she listens to **rock/classical** music.
d When she goes jogging, she listens to **pop/rock** music.
e Daria listens to folk music with her **parents/grandparents**.
f She finds folk music **annoying/entertaining**.
g At home she listens to music **with her parents/using headphones**.
h She went to a concert last **week/weekend**.
i Daria liked **one song/all the songs**.
j Generally Daria **likes/doesn't like** her parents' taste in music.

✓ 10

Max. ✓ 20 Punkte

112 hundertzwölf

5 Virtuelle und reelle Welt

Schreiben

5 Füll die Lücken mit den Verben in Klammern aus. Benutz die passende Form des Verbs.

a Ich _____ gerne alten Menschen. (*helfen*, present tense)
b Für mein Projekt _____ ich in einem Tierheim _____. (*arbeiten*, perfect tense)
c In Zukunft _____ ich mit Flüchtlingen deutsche Bücher _____. (*lesen*, future tense).
d Umweltschutz und Tierschutz _____ mir wichtig. (*sein*, present tense)
e Meine Eltern _____, dass das Internet nicht immer gut ist. (*denken*, present tense)

✓ 5

6 Bring die Wörter in die richtige Reihenfolge.

a gearbeitet · für sein Projekt · in einem Altenheim · Alex hat.
b Wir · sehr · für Tierschutz · interessieren uns.
c wenn · Ich höre · Rapmusik, · meine Hausaufgaben · ich · mache.
d Abenteuerfilme, · spannend · weil · ich · sie · finde · Mir gefallen.
e in Zukunft · Ich · werde · helfen · alten Menschen.

✓ 5

7 Übersetz die Sätze ins Deutsche.

a I'm interested in animal protection.
b Fashion is important to me.
c I think that the internet is useful.
d I like watching adventure films most of all.
e I listen to pop music when I help at home.

✓ 10

Max. ✓ 20 Punkte

Deine Resultate

Wie viele Punkte hast du für Lesen, Hören und Schreiben?
Notiere deine Punktezahl.

bis zu 6 Punkten Gut gemacht! Mach die Bronze-Aktivität auf der nächsten Seite.

7–12 Punkte Prima! Mach die Silber-Aktivität auf der nächsten Seite.

13–20 Punkte Fantastisch! Mach die Gold-Aktivität auf der nächsten Seite.

hundertdreizehn

5 Vorankommen!

Bronze

1 📖 **Read Karla's message and answer the questions in English.**

> Von Montag bis Freitag sehe ich pro Tag vier Stunden fern. Meine Eltern sagen, das ist zu lang, weil ich meine Hausaufgaben nicht mache. Am Wochenende sehe ich mehr als acht Stunden am Tag fern.
>
> Ich sehe am liebsten Reality-TV-Serien, denn ich finde sie lustig und entspannend. Dokumentarsendungen sehe ich auch gern, besonders Tiersendungen. Welche Sendungen siehst du am liebsten?

   a   How much TV does Karla watch during the week?
   b   What do Karla's parents think about it? Why?
   c   How much TV does Karla watch at the weekend?
   d   Why does she like reality TV shows? (**two** details)
   e   Which question does she ask at the end?

2 🎧 ∿ **Listen and choose the correct answer to complete each sentence.**

   a   Jakob's favourite music is **German pop/techno**.
   b   He can **dance/sing along** to it.
   c   His sister thinks his music is **great/terrible**.
   d   He listens to his music **in his room/on his headphones**.
   e   He **liked/didn't like** the concert last week.

3 ✏️ **Answer the questions in German.**

   a   Wie oft siehst du fern?
   b   Was sind deine Lieblingssendungen? Warum?
   c   Was siehst du nicht gern? Warum?
   d   Wie oft gehst du ins Kino?
   e   Welche Filme siehst du gern und nicht gern? Warum?

Silber

4 📖 **Read Stefanie's description. Are the statements true (T) or false (F)?**

> Ich bin Stefanie. Ich bin Influencerin. Ich habe als Teenager immer die Blogs von anderen Influencern gelesen. Ich schreibe über gesundes vegetarisches Essen. Jeden Tag schreibe ich über ein neues Rezept auf meiner Seite. Ich habe fast 10 000 Follower und sie denken, dass meine Blogs informativ und die Bilder attraktiv sind. Ich werde auch in Zukunft Influencerin bleiben.

   a   She used to follow other influencers.
   b   She writes about tasty meat dishes.
   c   She writes about one new recipe per day.
   d   She has more than 10,000 followers.
   e   Her followers think that the pictures are attractive.
   f   She doesn't want to be an influencer in the future.

5 🎧 ∿ **Listen to Elias talking about his use of the internet and complete the sentences in English.**

   a   Elias uses the internet _____.
   b   He likes using the internet because he can speak to _____.
   c   His parents think that the internet is _____ but also _____.
   d   His mum thinks that Elias doesn't _____ enough.
   e   He stays up until _____.
   f   In future he won't use the internet _____.

6 ✏️ **Übersetz den Text ins Deutsche.** Translate the text into German.

> In the past there wasn't so much technology. There weren't so many TV programmes and you listened more to the radio as there was no internet. Today, technology is very useful, but life isn't as calm.

hundertvierzehn

5 Virtuelle und reelle Welt

Gold

7 **Lies den Artikel über die App *Ich bin wählerisch!* Beantworte die Fragen auf Englisch.**

Ich bin wählerisch!

Viele Jugendliche interessieren sich für soziale Themen und engagieren sich. Sie arbeiten zum Beispiel in ihrer Freizeit in einem Altenheim und lesen mit den Senioren Geschichten oder Zeitung. Das gefällt den alten Menschen.

Auch politisch sind junge Menschen aktiv. Sie organisieren zum Beispiel Demonstrationen gegen Klimawandel oder Rassismus.

Kinder und Jugendliche interessieren sich also mehr und mehr für Politik und jetzt haben sie *Ich bin wählerisch!* Mit dieser App kann man etwas über Politik lernen.

Das Beste ist: die App haben Jugendliche für Jugendliche in einem dreitägigen Seminar entwickelt.

Wie benutzt man die App?
Es gibt ein Quiz und Fragen. Man beantwortet die Fragen mit ‚Ja' oder ‚Nein'. Wenn man die Antwort zu einer Frage nicht weiß, sagt man ‚Nein' und wischt nach links. Man kann dann ein Erklärvideo sehen. Wenn man die Antwort weiß, sagt man ‚Ja' und swipt nach rechts.

a Who do many young people work with?
b Which activity do young people do with these people?
c What might young people demonstrate against? (**two** details)
d Who developed the *Ich bin wählerisch!* app?
e When using the app, what do you do if you don't know the answer?
f What happens then?

der Klimawandel	climate change
dreitägig	three-day
wischen/swipen	to swipe

8 **Übersetz den Text im Kästchen ‚Wie benutzt man die App?' ins Englische.**

9 **Hör zu. Eine Expertin, Frau Doktor Steeger, spricht über die Nutzung des Internets. Wähl die vier richtigen Sätze.**

a All young people have a mobile phone.
b Young people spend two to three hours a day on the internet.
c Most young people play games online.
d Young people never play outside.
e More than 80% of young people watch films using the internet.
f More than half of parents never check which websites their children have visited.
g Frau Steeger thinks parents should control what their children do on the internet.
h Young people are aware of the advantages and disadvantages of the internet.

10 **Übersetz die Sätze ins Deutsche.**

a I don't like listening to rock music when I'm relaxing.
b I'm interested in the environment, as it's important.
c In future I will work with animals.
d I use the internet in the evening.
e My parents think that the internet can be dangerous.

11 **Wie benutzt du Technologie? Schreib einen Text (zirka 80 Wörter).**

- Wie oft und wofür (*for what*) benutzt du digitale Medien?
- Welche Vorteile und Nachteile haben digitale Medien?
- Was denken deine Eltern über digitale Medien?

🎁 Extra

Try to incorporate language from throughout Unit 5. For example, can you mention music and films?

hundertfünfzehn **115**

5 Vokabeln

5.1 Kino, Kino
Cinema, cinema

Was für Fernsehsendungen siehst du gern?	What kinds of TV programmes do you like watching?
Ich liebe ..., weil sie (spannend) sind.	I love ... because they're (exciting).
die Dokumentarsendung	documentary
der Krimi	crime/detective drama
die Nachrichten (pl)	the news
die Reality-TV-Serie	reality TV show
die Sportsendung	sports show
der Zeichentrickfilm	cartoon
Was willst du heute Abend sehen?	What do you want to watch this evening?
Ich will ... sehen, da ich (Krimis) mag.	I want to watch ... because I like (crime dramas).
der Abenteuerfilm	action/adventure film
der Bollywoodfilm	Bollywood film
der fremdsprachige Film	foreign-language film
der Horrorfilm	horror film
die romantische Komödie	romantic comedy
der Science-Fiction-Film	science-fiction film
Für mich sind (Horrorfilme) zu...	For me, (horror films) are too...
Ich finde (Horrorfilme)...	I find (horror films)...
blöd	stupid
faszinierend	fascinating
furchtbar	awful
gruselig	scary
interessant	interesting
kindisch	childish
kompliziert	complicated
langweilig	boring
lustig	funny
nervig	annoying
romantisch	romantic
schrecklich	terrible
spannend	exciting
unrealistisch	unrealistic
unterhaltsam	entertaining

5.2 Musik liegt in der Luft
There's music in the air

Was für Musik hörst du (nicht) gern?	What kind of music do you (not) like listening to?
Wer ist dein Lieblingssänger/ deine Lieblingssängerin?	Who is your favourite singer?
Wann/Wie/Wo hörst du Musik?	When/How/Where do you listen to music?
Was hast du als letztes gehört?	What was the last thing you listened to?
Wann bist du zuletzt auf ein Konzert gegangen?	When did you last go to a concert?
die Dance-Musik	dance music
der Deutschrap	German rap
der Hip-Hop	hip-hop
die klassische Musik	classical music
der Pop	pop music
die Rockmusik	rock music
der Schlager	German pop
die Volksmusik	folk music
(Hip-Hop) hat einen tollen Rhythmus	(Hip-hop) has a great rhythm
beliebt	popular
entspannend	relaxing
laut	loud
lebendig	lively, upbeat
die Melodie	melody, tune
melodisch	tuneful
rhythmisch	rhythmic
Texte (pl)	lyrics

5 Virtuelle und reelle Welt

5.3 Sicher im Internet
Safe on the internet

Wie oft benutzt du das Internet?	How often do you use the internet?
Ich benutze das Internet eine Stunde/zwei Stunden pro Tag.	I use the internet for an hour/two hours a day.
Ich benutze das Internet nie.	I never use the internet.
Was machst du im Internet?	What do you do on the internet?
Computerspiele spielen	to play computer games
Klamotten/Geschenke/Make-up kaufen	to buy clothes/gifts/make-up
mit Freunden/der Familie chatten	to chat to friends/family
Musik runterladen	to download music
soziale Medien benutzen	to use social media
Ich finde das gut/praktisch/zu lang.	I find that good/practical/too time-consuming.
Ich denke, dass…	I think that…
Ich glaube, dass…	I think/believe that…
Ein Vorteil ist, dass…	An advantage is that…
Ein Nachteil ist, dass…	A disadvantage is that…
Meine Eltern denken, dass…	My parents think that…
Meine Mutter glaubt, dass…	My mother believes that…
der Nachteil	disadvantage
der Vorteil	advantage

5.4 Technologie heute und damals
Technology now and then

damals	back then, at that time
heutzutage	nowadays
in den 1970er/1980er/1990er Jahren	in the 1970s, 1980s, 1990s
Es gab…	There was/were
fast überall	almost everywhere
nicht so viel/viele	not as much/many
wenig	few, not many
Ich ging (ins Internetcafé).	I went (to the internet café).
Ich hatte (kein Smartphone).	I had (no smartphone).
Ich hörte (Musik).	I listened (to music).
Ich interessierte mich (für Umweltschutz).	I was interested (in protecting the environment).
Ich las (Zeitschriften).	I read (magazines).
Ich schrieb (Postkarten).	I wrote (postcards).
Ich spielte (Computerspiele).	I played (computer games).
auf dem Handy	on your mobile phone
auf Musikplattformen	on music platforms
im Heft	in your exercise book
im Internet	on the internet
im Radio	on the radio

5.5 Ich engagiere mich
I get involved

die Altenhilfe	helping the elderly
die Behindertenhilfe	helping people with disabilities
die Flüchtlingshilfe	helping refugees
die Obdachlosenhilfe	helping homeless people
der Tierschutz	animal protection
der Umweltschutz	environmental protection
das Projekt	project
Ich denke, dass (Flüchtlingshilfe) total wichtig ist.	I think that (helping refugees) is really important.
(Obdachlosenhilfe) interessiert mich.	(Helping the homeless) interests me.
(Umweltschutz) ist mir sehr wichtig.	(Environmental protection) is very important to me.
Abfall aufsammeln	to pick up litter
Deutsch unterrichten	to teach German
einkaufen gehen	to go shopping
Geld sammeln	to collect/raise money
Geld spenden	to donate money
in einem Tierheim arbeiten	to work in an animal shelter
Kuchen verkaufen	to sell cakes
Menschen helfen	to help people

hundertsiebzehn

6 Willkommen in Berlin!
Los geht's!

1 Verbinde die Titel (1–5) mit den Bildern (a–e).

1. das Brandenburger Tor
2. der Fernsehturm
3. das Reichstagsgebäude
4. das Strandbad Wannsee
5. Schloss Charlottenburg

2 Berlin in Zahlen! Rate mal! Füll die Lücken mit den passenden Zahlen aus.

70 Millionen   1000   1700   80   13   3,7 Millionen   1989   3

a In Berlin wohnen _____ Personen.
b Die Berliner Mauer ist im Jahr _____ gefallen.
c In Berlin gibt es etwa _____ Brücken.
d Im Winter gibt es in Berlin über _____ Weihnachtsmärkte.
e Es gibt über _____ Kebab-Läden in der Stadt.
f In Berlin essen die Menschen _____ Currywürste pro Jahr.
g Die Stadt hat mehr als _____ Jahre an einem neuen Flughafen gebaut.
h In Berlin gibt es eine sehr kurze U-Bahn-Linie mit nur _____ Stationen.

Kultur

People in Berlin have their own dialect. See if you can imitate it!

ich → ick
was → wat
g + vowel → j + vowel (ganz → janz, gut → jut)

Practise saying these sentences:

Wat ick janz jut kann?

Ick kann janz jut Berlinisch.

6 **Willkommen in Berlin!**

3 **What did they do in Berlin? Read the tweets and make notes in English for each person.**

Example: @Reisefieber: did a city tour, went for a walk, …

@**Reisefieber**
Ich habe eine Stadttour gemacht. Ich bin spazieren gegangen und habe das Brandenburger Tor und das Reichstagsgebäude gesehen. Ich habe auch eine Bootsfahrt gemacht. Das war super.

💬 2   🔁 1   ♡ 4   ⬆

@**theworldismyteacher**
Ich bin nach Berlin gefahren, weil ich Deutsch lerne. Ich bin ins Kino gegangen und ich habe Currywurst gegessen. Die Currywurst war total lecker!

💬 6   🔁 1   ♡ 3   ⬆

@**Tanzfee**
Ich bin in Berlin tanzen gegangen, denn es gibt so viele Discos und Clubs. Manche Clubs haben Tag und Nacht auf. Unglaublich!

💬 1   🔁 0   ♡ 2   ⬆

@**Weltenbummler**
Ich wollte mehr über die Geschichte der Stadt lernen und bin zum Museum Checkpoint Charlie gegangen. Das war wirklich interessant. Dann habe ich im Stadtmuseum sogar an einer Tour in einem Nuklearbunker teilgenommen.

💬 4   🔁 1   ♡ 3   ⬆

manche	quite a few
haben … auf	are open
hat an … teilgenommen	took part in (perfect tense of *teilnehmen*)

4 **Lies den Text zum Foto. Finde die vier Fehler im Text.**

Auf dem Foto gibt es eine kleine Straße mit vielen Autos. Es gibt auch viele Leute. Sie sitzen in Cafés oder gehen spazieren. Unter den Tischen stehen kleine orange Kerzenlichter. Die Wände der Häuser sind weiß. Rechts sind zwei Straßenmusiker. Sie spielen Trompete und Gitarre.

🎭 **Kultur**

The bear is the animal emblem of Berlin and appears on the city's coat of arms. There are around 350 'Buddy Bears' in the city. The bears symbolise tolerance and optimism. Buddy Bears have also been displayed in exhibitions in many other countries.

hundertneunzehn **119**

6.1 Wollen wir nach Berlin fahren?

Objectives
- Planning a trip to Berlin
- Revising the future tense with *werden*
- Carrying out online research

📖 Lesen

1 Lies Toms Pläne. Bring die Pläne (a–f) in die richtige Reihenfolge.

a Zuerst werden wir auf den Fernsehturm gehen, weil wir tolle Fotos von oben machen wollen.

b Wir werden dann vom Reichstag nach Kreuzberg fahren. Sven interessiert sich für Kunst und will berühmte Graffiti sehen. Wir werden in Kreuzberg den Astronauten von Victor Ash sehen.

c Am Freitagabend werden wir an einer Imbissbude Currywurst essen, weil das sehr typisch für Berlin ist und weil es nicht so teuer ist.

d Am Freitag werde ich mit meinem Freund Sven nach Berlin fahren. Wir werden um acht Uhr morgens mit dem Zug fahren. Wenn wir in Berlin ankommen, werden wir mit der U-Bahn zu unserem Hotel fahren.

e In Kreuzberg werden wir am Abend Döner Kebab essen und dann zum Hotel zurückfahren.

f Ich interessiere mich für moderne Architektur und will am Samstagmorgen den Glasdom auf dem Reichstagsgebäude sehen. Wenn es nicht zu viele Besucher gibt, werden wir in das Gebäude gehen. Die Architektur ist so beeindruckend.

💡 Tipp
Look for time phrases and sequencers: 'first', 'then', 'in the morning', 'on (Friday) evening'. The trip starts with a train journey on Friday.

berühmt — famous
beeindruckend — impressive

🎧 Hören

2 Hör zu. Ist alles richtig?

📖 Lesen

3 Lies Toms Pläne noch einmal und beantworte die Fragen in ganzen Sätzen auf Deutsch.

a Wo werden Tom und Sven übernachten?
b Was werden sie essen?
c Was will Tom sehen?
d Was will Sven sehen?
e Wohin werden sie am Samstagnachmittag fahren?

Aa Grammatik   p.126; WB p.63

Revising the future tense with *werden*

Subject	Auxiliary verb (*werden*)	Infinitive
ich	werde	
du	wirst	
er/sie/es	wird	gehen
wir	werden	
ihr	werdet	
sie/Sie	werden	

You can also use *ich möchte/du möchtest*, etc. + infinitive to say what you would like to do in the future.

Sprachmuster
To apply the time–manner–place rule in the future tense, follow this pattern:

Ich werde **am Sonntag** **mit Max** **nach Berlin** fahren.

120 hundertzwanzig

6 Willkommen in Berlin!

Übersetzen

4 Übersetz die Sätze ins Deutsche.

a We will go to Berlin.
b I will learn more about the history.
c I will see the Berlin Wall.
d Tom would like to swim in the lake.
e Anna will buy second-hand clothes at (*auf*) the market.

> **⚠ Achtung!**
>
> Remember that *ich will* does not mean 'I will' – it means 'I want'! You can use *ich will* + infinitive to say what you <u>want</u> to do in the future, but make sure the meaning of the future time frame is clear.

Hören

5 🎧 Hör zu und lies die Informationen. Verbinde die Touren (1–4) mit den Personen.

Herr Kohl	**Annika**	**Kai**	**Aysa**
• 75 Jahre alt	• 20 Jahre alt	• 18 Jahre alt	• 23 Jahre alt
• kann nicht lange zu Fuß gehen	• studiert Geschichte an der Uni	• Banksy-Fan	• Fotografin
		• Hobbykünstler	• sportlich

6 🎧 Hör noch einmal zu. Mach Notizen zu jeder Tour (1–4) auf Deutsch.

- Was für eine Tour ist das?
- Was kann man sehen?
- Andere Details?

Sprechen

7 👥 Macht Dialoge. Stellt und beantwortet die Fragen.

- Wofür interessierst du dich?
- Ich interessiere mich für… (, weil…)
- Was möchtest du in Berlin machen?
- Ich möchte… (, weil…)

> **⚙ Strategie**
>
> **Carrying out online research**
>
> When carrying out research online, be specific in your search engine questions so you're not overwhelmed by the results. Ask yourself whether your sources are trustworthy: Wikipedia has a lot of information, but the authors aren't always qualified specialists. Consider how to write in German about what you found out, using vocabulary and structures that you know. You aren't expected to give the same amount of detail as you would in English.

Schreiben

8 Finde im Internet Informationen über Sehenswürdigkeiten in Berlin und mach ein Poster für eine Touristentour.

- Was wird man sehen? Wie heißen die Sehenswürdigkeiten?
- Wie lange dauert die Tour?
- Wie viel kostet die Tour?

hunderteinundzwanzig **121**

6.2 So leben wir in Berlin!

Objectives
- Learning about life in Berlin
- Using a range of tenses
- Dealing with unfamiliar vocabulary

Lesen

1 A city with many faces! Read the texts about Berlin districts. Who says each statement: Elif (E), Hansjörg (H), Otto (O) or Christiane (C)?

Hi! Ich wohne in Berlin Kreuzberg. In diesem Stadtteil gibt es viele Menschen mit türkischem Hintergrund. Meine Großeltern wohnen seit 1970 hier. Du kannst hier den besten Kebab kaufen! Wenn ich 16 bin, werde ich bei meinem Onkel in der Imbissbude jobben. **Elif**

Hi. Ich wohne auf einem Hausboot in Berlin Spandau. Mein Stadtteil hat viel Industrie aber es gibt auch ein sehr gemütliches historisches Viertel. Ich liebe den schönen Kanal und die vielen Badeorte. **Otto**

Hallo. Ich wohne in einer Villa in Berlin Grunewald. Die Gegend ist sehr schön mit vielen Parks und historischen Gebäuden. Am Wochenende bin ich mit meinen Eltern im Wald wandern gegangen. **Hansjörg**

Hi! Ich wohne in Berlin Wedding: das ist der beste Stadtteil! Es gibt wenige Touristen hier, aber es gibt viele tolle Märkte, Cafés und Bars. Hier wohnen viele Künstler und unser Stadtteil ist der viertbeste Wohnort in der ganzen Welt! **Christiane**

a I live in the fourth best place in the whole world.
b My area is quite industrial.
c I live in the same area as my grandparents.
d Many Turkish immigrants live here.
e My area is very green.
f Not many tourists come here.
g You can go hiking in the forest here.
h I live on the water.

Sprachmuster

The word *seit* means 'since'. In German, use the <u>present tense</u> with phrases such as *seit 1970* (since 1970) and *seit vier Jahren* (for four years): *Ich <u>wohne</u> <u>seit</u> Januar hier.*

Strategie

Dealing with unfamiliar vocabulary

When you see or hear words that you don't know, remember that nobody expects you to be fluent! It's OK not to understand every single word. When you come across an unfamiliar word, ask yourself these questions:

- Can I guess the word because it's a cognate?
- Can I use the context to make a guess about the rough meaning of the word?
- Can I understand the text without knowing this word?

Always read the questions in the activity too, as they often give you helpful clues about the vocabulary.

6 Willkommen in Berlin!

🎧 Hören

2 Hör zu. Was sagt Hanna über ihr Leben in Berlin? Beantworte die Fragen (1–3) auf Deutsch.

1. a Wie findet sie ihre Gegend?
   b Was hat sie früher oft gemacht?
2. a Was macht sie oft am Wochenende? Warum?
   b Was hat sie am Sonntag gemacht?
3. a Was wird sie nächste Woche machen?
   b Warum muss ihr Bruder mitkommen?

Grammatik — p.126; WB p.65

Using a range of tenses

You've now learnt four tenses (present, perfect, imperfect and future), so try to use a range of them in your speaking and writing. Using time markers makes it clearer why you are using each tense.

Jeden Tag höre ich Musik. (present)
Letztes Jahr habe ich eine Bootsfahrt gemacht. (perfect)
Als ich jünger war, spielte ich gern Klavier. (imperfect)
Nächstes Jahr werde ich auf ein Konzert gehen. (future)

📖 Lesen

3 Copy and complete the table with the time markers.

Past	Present	Future

normalerweise · morgen · gestern · jetzt · heute · letzte Woche · nächste Woche · vor drei Jahren

🎁 Extra
Can you add any other time markers to each column in the table?

💬 Sprechen

4 Stellt euch vor, ihr wart letztes Jahr in Berlin. Lest den Berliner Eventkalender und macht Dialoge. Stellt und beantwortet die Fragen.

Beispiel:
- Was hast du letztes Jahr in Berlin gemacht? Wie war es?
- Letztes Jahr im Mai bin ich zum Karneval der Kulturen gegangen. Das war fantastisch.
- Was wirst du nächstes Jahr machen? Warum?
- Nächstes Jahr im Januar werde ich zur Berliner Fashionweek gehen, weil ich Mode liebe.

Berliner Eventkalender

Januar:	die Berlin Fashion Week
Februar:	die Berlinale (Internationale Filmfestspiele)
Mai:	der Karneval der Kulturen
Juli:	der Christopher Street Day
September:	der Berlin Marathon
Oktober:	die Lange Nacht der Museen
Dezember:	der Weihnachtsmarkt

der Christoper Street Day — Berlin Pride

✏️ Schreiben

5 Schreib eine Postkarte aus Berlin.
- Wo bist du in Berlin?
- Was hast du gesehen/gemacht?
- Was sind deine Pläne für die nächsten Tage?

hundertdreiundzwanzig

6 Kultur

Ost- und Westberlin

📖 Lesen

1 Read the text about East Berlin and write a list of the verbs in the imperfect tense. Then translate the verbs into English.

Nach dem zweiten Weltkrieg kontrollierten die Alliierten Deutschland. Die russischen Alliierten kontrollierten Ostdeutschland, und so hatten Ostdeutschland and Westdeutschland sehr unterschiedliche politische Systeme.

Politische Konflikte und der ‚Kalte Krieg' prägten Berlin sehr. Von 1961 bis 1989 war Berlin in Ostberlin und Westberlin geteilt. Viele Familien waren durch die Berliner Mauer getrennt und konnten sich nicht mehr sehen oder besuchen.

Es gab viele Unterschiede zwischen dem Leben in Ostberlin und dem Leben in Westberlin. In Ostberlin lernte man in der Schule Russisch als erste Fremdsprache; in Westberlin lernte man Englisch. In Ostberlin hatte nur eine politische Partei, die SED, die Kontrolle. Es gab keine westlichen Produkte wie Coca-Cola und Levi's Jeans, und manche anderen Produkte wie Bananen gab es nur selten. Es gab wenige Automarken – der Trabant war die typisch ostdeutsche Automarke.

Die Menschen in Ostberlin durften nur in andere sozialistische Länder reisen. Sie durften zum Beispiel nicht in Spanien oder Italien Urlaub machen.

Natürlich hatte das Leben in Ostberlin wie auch Westberlin positive und negative Aspekte. In Ostberlin hatten alle Arbeit und es gab billige Kindergartenplätze für alle Kinder. So konnten Frauen Vollzeit arbeiten. Das war in Westberlin viel schwieriger.

die Alliierten (pl)	the Allies (countries that united against Germany, Japan and Italy in the Second World War)
der Kalte Krieg	the Cold War
prägten Berlin sehr	had a big impact on Berlin (imperfect tense of *prägen*)
billig	cheap
Vollzeit	full time

2 Lies den Text noch einmal. Finde die passenden Wörter (a–h) auf Deutsch.

a allies
b different
c divided
d separated
e political party
f car brands
g socialist
h more difficult

⛓ Sprachmuster

You are most likely to see the imperfect tense in <u>written</u> texts about the past. Remind yourself of the imperfect tense endings of regular verbs:

ich mach**te**	du mach**test**	er/sie/es mach**te**
wir mach**ten**	ihr mach**tet**	sie/Sie mach**ten**

Also learn the most common irregular verbs:
ich war (I was), *ich hatte* (I had), *es gab* (there was/were).

3 Lies den Text noch einmal. Richtig (R), falsch (F) oder nicht im Text (NT)?

a China kontrollierte Ostberlin.
b Ost- und Westberlin waren bis 1999 getrennt.
c Schüler in Ostberlin lernten Russisch.
d Das typische Auto in Ostberlin war ein Trabant.
e Die Menschen in Westberlin haben viel Cola getrunken.
f In Ostberlin gab es nicht oft Bananen.
g Ostberliner sind oft nach Spanien gefahren.
h Das Leben in Westberlin war sehr gut.

6 Willkommen in Berlin!

✏️ Schreiben

4 Schreib die Sätze im Imperfekt auf.

Beispiel: **a** *Ich lebte in Westberlin.*

a Ich lebe in Westberlin.
b Ich habe einen Volkswagen.
c Ich arbeite für die SED.
d Wir wohnen in einer Villa in Charlottenburg.
e Es gibt keine Coca-Cola im Supermarkt.

> Life in East Germany was strictly controlled. Many people lived in fear and tried to flee as there was no freedom of speech. The state police force, which controlled East Germany, was called the 'Stasi'. When the Berlin Wall came down and Germany was reunited in 1989, a lot of young people left East Germany. However, shortly after, the empty flats in former East Germany attracted young people from the West, as they were much cheaper to rent.

🎧 Hören

5 Hör zu. Wohnten die Personen (1–8) in Ostberlin (O) oder Westberlin (W)?

🔄 Übersetzen

6 Translate the text into English.

Die Mauer zwischen Ost- und Westberlin ist am 9. November 1989 gefallen. Das war ein sehr emotionaler und wichtiger Moment für Deutschland. Viele junge Menschen kletterten über die Mauer und man konnte es in ganz Deutschland im Fernsehen sehen. Nach vielen Jahren konnten die Menschen aus Ostberlin wieder nach Westberlin reisen.

🎧 Hören

7 Listen to the people (1–5) describing what they did on 9th November 1989. Copy and complete the table in English.

	Age	Activity	Emotion/Opinion
1			

💬 Sprechen

8 👥 Macht ein Rollenspiel. Stellt und beantwortet die Fragen mit den Informationen unten.

- Wie heißt du?
- Wie alt warst du 1989?
- Was hast du am Abend des Mauerfalls gemacht?
- Wie hast du den Mauerfall gefunden?

Marcus – 8 – Fernsehen – langweilig

Yvonne – 19 – Party – cool

✏️ Schreiben

9 Schreib deinen Tagebucheintrag über den Tag des Mauerfalls.

- Was hast du heute gemacht?
- Was ist passiert?
- Wie findest du das?
- Was denkst du?
- Was wirst du morgen machen?

hundertfünfundzwanzig

6 Sprachlabor

Revising the future tense with werden

The future tense is formed using the present tense of *werden* + a verb in the infinitive.

Remember that in German, *ich will* means 'I want' and not 'I will'.

1 Put the letters in the correct order to write the present tense forms of *werden*.

- a   ich **wrdee**
- b   du **striw**
- c   er/sie/es **dirw**
- d   wir **wenrde**
- e   ihr **tderwe**
- f   sie/Sie **erdwen**

2 Find and correct the mistake in each sentence.

*Example: Ich werde eine Bootsfahrt gemacht. → Ich werde eine Bootsfahrt **machen**.*

- a   Meine Mutter werden auf den Flohmarkt gehen.
- b   Wir werden essen Currywurst.
- c   Wir wird zur Berlinale gehen.
- d   Ich werde mehr über die Geschichte lerne.
- e   Werden du in Berlin Kreuzberg wohnen?

3 Write about these future plans using the *ich* form. Write full sentences.

- a   live in a villa
- b   have a Mercedes
- c   travel a lot
- d   be famous
- e   help refugees

4 Translate the sentences into German.

- a   I will live in Berlin.
- b   I will take a lot of photos.
- c   My mother will go to the museum.
- d   My father will go to the Brandenburg Gate.
- e   Tom and Hussain will watch a movie.
- f   When will you (*du*) visit Berlin?

Using a range of tenses

Look or listen out for time markers that will help you to recognise when the action in a text or listening passage is taking place. Being able to describe events in the present, past and future will make your own writing and speaking more interesting.

Remember that the perfect (past) and future tenses are both composed of two parts:

Ich **bin** letzten Sommer nach Berlin **gefahren**.
Nächsten Sommer **werde** ich in der Schweiz **zelten**.

5 What is the tense in each sentence: present, perfect, imperfect or future?

- a   Am Sonntag werde ich bis 10 Uhr schlafen.
- b   Gestern habe ich einen Film gesehen.
- c   Letzte Woche hatten wir viele Hausaufgaben.
- d   Ich trinke viel Wasser, weil das gesund ist.
- e   Der Film war ziemlich langweilig.

6 Translate the text into German.

Last summer I went to Konstanz with my family. I did a lot of water sports. It was great because I am sporty and love water. Next year we will go to Freiburg. My sister will go to university in Freiburg, but first we want to visit the city together.

Aussprache: z, w and zw

The letter 'z' is pronounced like 'ts', and 'w' is pronounced like 'v'. So the letters 'zw' in German sound like the letters 'tsv' all pronounced together.

7 👥 Listen and repeat. Then practise with your partner.

zwei   zwölf   zwanzig   zwischen

8 Practise saying the tongue twister.

Zwei zischende Schlangen lagen zwischen zwei spitzen Steinen und zischten dazwischen.

6 Was kann ich schon?

6 Willkommen in Berlin!

📖 Lesen

1 Lies den Text und finde die passenden Wörter (a–e) auf Deutsch.

Warum ich Berlin liebe

Die Stadt ist sehr groß, chaotisch und dreckig, aber die Stadt ist auch interessant, schön und aufregend. Es gibt so viel zu sehen!

Es gibt hier Menschen aus der ganzen Welt und deshalb sind die Leute hier sehr tolerant. Gestern habe ich eine Frau aus Israel im Sportzentrum getroffen und am Abend war ich mit Freunden aus Amerika auf einem Konzert.

Die Metropole Berlin hat mehr als 3,5 Millionen Einwohner, aber es gibt auch sehr viel Natur. Es gibt Parks, Seen und Wälder, wo man spazieren gehen und Sport im Freien machen kann. Nächstes Wochenende werde ich auf dem Wannsee eine Bootsfahrt machen.

Die Stadt hat eine tolle Musikszene, aber ist auch innovativ in Wissenschaft und Technologie, zum Beispiel hat Google 2019 hier ein neues Büro eröffnet. Außerdem ist die Stadt billiger als viele andere Städte. Berlin ist einfach super!

a chaotic and dirty
b exciting
c parks, lakes and forests
d office
e cheaper than

2 Read the text again and choose the correct answer to complete each sentence.

a Berlin is both **beautiful/ugly** and **exciting/crazy**.
b People in Berlin are very **tolerant/cool**.
c You can meet a lot of **young people/people of different nationalities**.
d Last night I went to **the gym/a concert**.
e Berlin has many **big shops/natural areas**.
f Berlin is famous for its **music scene/circuses**.

🎧 Hören

3 🎵 Hör zu. Sprechen die Personen (1–5) über <u>letztes</u> (L) oder <u>nächstes</u> (N) Wochenende? Schreib auch die Aktivität auf. Schreib die Tabelle ab und füll sie aus.

	L/N	Aktivität
1		

✏️ Schreiben

4 Übersetz den Text ins Deutsche.

> In the future I will live in Berlin because the city is interesting and exciting. I have read a lot about Berlin and I think that the city is fantastic. I am also interested in the history.

5 Schreib einen Blogeintrag über Berlin (zirka 60 Wörter).

- Was gibt es in Berlin? (**drei** Details)
- Was weißt du über die Geschichte? (**zwei** Details)
- Was kann man in Berlin machen? (**drei** Details)

hundertsiebenundzwanzig 127

1 Sprungbrett

Lesen

1 Read the article and answer the questions in English.

Wer möchte nicht zum Mond fliegen?

„Das ist mein Lebenstraum. Ich liebe den Mond. Seit ich ein Kind bin, interessiere ich mich für die Sterne, die Planeten und vor allem den Mond," sagte der 28-jährige K-Pop Sänger, Dong-Sun Park.

Die Fahrt dauert eine Woche und kostet 4,3 Milliarden Euro. Die USA planen einen Flug auf den Mond für das Jahr 2028. Auch Russland will Astronauten zum Mond bringen. Wie interessant.

a What would Dong-Sun Park like to do?
b How old is Dong-Sun Park?
c How long does the journey take?
d How much does the journey cost?
e Which two countries are planning these excursions?

2 Lies Erikas SMS und beantworte die Fragen.

- Hallo, ich bin in Italien.
- Wir sind mit dem Auto gefahren.
- Ich bin jetzt in Rom. Am ersten Tag habe ich Monumente besucht und ein Konzert gesehen.
- Das Wetter ist schön – sonnig und heiß.
- Italien gefällt mir gut. Es ist wunderschön und richtig cool.

1 Erika verbringt ihre Ferien in...
  a Italien.
  b Griechenland.
  c Spanien.
2 Sie ist...
  a mit dem Wagen gefahren.
  b geflogen.
  c mit dem Zug gefahren.

Beantworte die Fragen auf Deutsch.

3 Wo ist Erika im Moment?
4 Wie ist das Wetter?
5 Wie findet Erika Italien?

128 hundertachtundzwanzig

1 In Urlaub

3 Translate your Swiss friend's email into English for your parents.

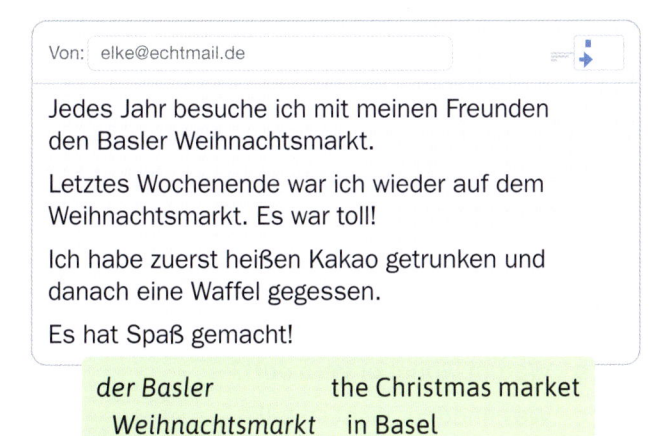

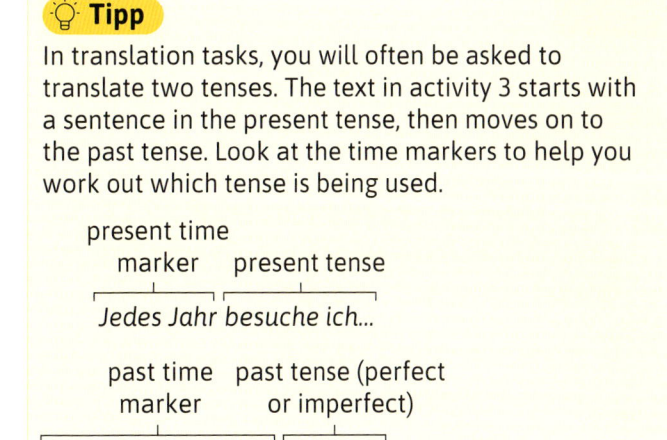

Von: elke@echtmail.de

Jedes Jahr besuche ich mit meinen Freunden den Basler Weihnachtsmarkt.

Letztes Wochenende war ich wieder auf dem Weihnachtsmarkt. Es war toll!

Ich habe zuerst heißen Kakao getrunken und danach eine Waffel gegessen.

Es hat Spaß gemacht!

der Basler Weihnachtsmarkt — the Christmas market in Basel

Tipp

In translation tasks, you will often be asked to translate two tenses. The text in activity 3 starts with a sentence in the present tense, then moves on to the past tense. Look at the time markers to help you work out which tense is being used.

present time marker — present tense
Jedes Jahr besuche ich…

past time marker — past tense (perfect or imperfect)
Letztes Wochenende war ich…

Schreiben

4 Du hast einen Tagesausflug mit deiner Familie gemacht. Du schickst dieses Foto an deinen Freund/deine Freundin in Österreich. Schreib <u>vier</u> Sätze auf Deutsch über das Foto.

- Wir haben … besichtigt.
- Danach haben wir…
- Das Wetter war…
- 🙂 / 😣 ?

Tipp

- Use the sentence starters to help you: adapt the structures and borrow the vocabulary to get you started.
- Make sure you use the perfect and imperfect tenses.
- Try to find an opportunity to show you can use the present tense too, if appropriate.
- Remember to give an opinion.

5 Translate the sentences into German.

a Last year I spent my summer holidays in France.
b I travelled by car.
c I did a cycling tour and I saw the sights.
d You (*man*) can also do a boat trip.

6 Du schreibst an deinen deutschen Freund/deine deutsche Freundin über deine Ferien.

Schreib etwas über:

- den ersten Tag
- das Wetter
- deine Ferienaktivitäten
- Verkehrsmittel.

Du musst ungefähr 40 Wörter auf Deutsch schreiben.

hundertneunundzwanzig 129

2 Sprungbrett

🎧 Hören

1 〰️ **Listen to a pedestrian asking for directions to the train station. Choose the correct answers.**

1 Which way should she go first?
   a straight ahead
   b first left
   c first right
2 Which way should she go next?
   a straight ahead
   b left
   c right
3 Where is the station?
   a at the end of the street
   b on the left-hand side
   c on the right-hand side

2 〰️ **Alex spricht über sein Zuhause und seine Großeltern. Hör zu und beantworte die Fragen auf Deutsch.**

Teil 1:
a Wo wohnt Alex? (**zwei** Details)
b Warum wohnt er gern dort?
c Was findet er nicht so toll?

Teil 2:
d Wo wohnen seine Großeltern?
e Wie ist diese Stadt? (**zwei** Details)
f Wo haben sie früher gewohnt?

💡 Tipp

- You do not need to write full sentences. Just make sure you include enough information to answer the questions.
- Use words that you hear in the audio in your answers, but make sure that everything you write is relevant.
- Completely accurate spelling/grammar isn't essential, but the meaning must be clear.

3 〰️ **Listen to Sylvia talking about where she lives and answer the questions in English.**

a Where does Sylvia live? (**two** details)
b Name **four** objects in her room.
c What does Sylvia think is great?
d What doesn't she like?

130 hundertdreißig

2 Mein Zuhause

💬 **Sprechen**

4 **Practise the role play.**

Your teacher will play the part of your German friend and will speak first.

You should address your friend as *du*.

When you see this – ! – you will have to respond to something you have not prepared.

When you see this – ? – you will have to ask a question.

> Du sprichst mit deinem Freund/deiner Freundin aus Deutschland über dein Haus oder deine Wohnung.
> - dein Haus/deine Wohnung – wo (**zwei** Details)
> - !
> - dein Schlafzimmer (**ein** Detail)
> - Garten/Balkon
> - ?

💡 **Tipp**

Don't panic when you see the exclamation mark (!) in a role play.

Think logically about the context of the role play. Which questions might you be asked about your home? For example:
- *Was für ein Haus ist es?*
- *Gefällt es dir? Warum oder warum nicht?*
- *Wer wohnt im Haus?*

The same applies to the question mark (?). What could you ask about your German friend's house? You could ask one of the questions that you have already been asked in the role play or something different. Try to think ahead so that you aren't taken by surprise.

5 **Practise the photo card activity.**

Look at the photo and prepare notes to answer the following questions.

- Was gibt es auf dem Foto?
- Wo wohnst du?
- Wo wirst du in der Zukunft wohnen?

Think about any other questions you may be asked in relation to **where you live**.

Your teacher will ask you the three questions and then **two more questions** which you have not prepared.

💡 **Tipp**

Look carefully at the verbs used in the questions on the photo card.

You will generally need to use at least two tenses. Which tenses are required here? Think about what other questions might be asked related to where you live. For example:
- *Wie findest du deine Stadt oder dein Dorf?*
- *Was gibt es in deiner Stadt oder deinem Dorf?*
- *Möchtest du auf einem Hausboot wohnen? Warum oder warum nicht?*
- *Wo hast du früher gewohnt?*

6 **Your teacher will ask you these questions. Answer them <u>without</u> making notes, using the language you already know.**

- Wie ist dein Haus?
- Wie ist dein Schlafzimmer?
- Wohnst du in einer Stadt oder in einem Dorf?
- Wirst du in der Zukunft in einer Stadt oder auf dem Land wohnen? Warum?

hunderteinunddreißig **131**

3 Sprungbrett

📖 Lesen

1 Read the posts about healthy lifestyles and answer the questions. Write J for Jens, E for Ella, C for Caspar or L for Laura.

> Man muss gesund essen und viel Wasser trinken. Das ist für mich wichtig. Ich esse immer Salat oder Gemüse und ich trinke viel Wasser. **Jens**

> Man soll nachts nicht auf das Handy gucken. Total richtig. **Caspar**

> Man soll Tai-Chi oder Yoga machen. Yoga gefällt mir gut, weil das entspannend ist. **Ella**

> Man muss genug schlafen. Ich schlafe schnell ein und kriege ungefähr acht Stunden Schlaf. **Laura**

a Who thinks sleep is important?
b Who thinks you shouldn't look at your phone at night?
c Who thinks it's important to drink a lot of water?
d Who likes doing relaxing activities?

2 Lies den Artikel. Wähl die drei richtigen Aussagen.

Silvia ist dreizehn und Diplomaten-Tochter.
 Deutschland hat Diplomaten in vielen Ländern. Ihre Familien müssen alle vier Jahre umziehen. Silvia wohnt jetzt in Lima in Peru.
 Alle vier Jahre muss sie neue Freunde kennenlernen. Das kann stressig sein. Sie lernt viel allein, aber das findet sie ganz okay.
 „Ich habe keine beste Freundin sozusagen," sagt Silvia, „aber ich habe Freunde überall." Sie spielt meistens mit ihrem Bruder und ihren zwei Schwestern, denn ihre Familie ist für sie sehr wichtig.

a	Deutschland hat viele Diplomaten-Familien.
b	Silvia hat nie in Deutschland gelebt.
c	Silvia muss oft neue Freunde kennenlernen.
d	Silvia will in einer normalen Schule studieren.
e	Silvia hat keine beste Freundin.
f	Silvia ist Einzelkind.

umziehen	to move (house)
kennenlernen	to get to know
sozusagen	so to speak

132 hundertzweiunddreißig

3 Das Alltagsleben

3 Translate your German penfriend's email about his weekend into English for your family.

Von: kai@echtmail.de

Hallo!

Wie geht's? Normalerweise esse ich gesund, weil ich ganz aktiv bin. Sport ist mir wichtig. Aber am Wochenende gab es eine Party und ich war mit meinen Freunden zusammen. Ich habe Pommes gegessen und viel Limonade getrunken. Das war keine gute Idee!

Tipp
Look carefully at the tenses when you are translating. Is the sentence in the past, present or future? Be precise.

Schreiben

4 Du schickst dieses Foto an deinen Freund in der Schweiz. Schreib <u>vier</u> Sätze auf Deutsch über das Foto.

- Auf dem Foto gibt es...
- Sie sind/Sie machen...
- Die Tochter/Der Sohn...
- Die Mutter/Der Vater...

5 Translate the sentences into German.

a After the evening meal I relax.
b You (*man*) should do yoga or tai chi.
c Do you (*du*) want to go to the café?
d I'm sorry, but I haven't got any money.

Tipp
Think carefully about word order when translating into German:
- Remember that the verb must be the second idea in a sentence.
- If you use a modal verb with an infinitive, the infinitive goes to the end of the sentence.

Also think about which verbs are reflexive in German:
- Which reflexive pronoun do you need?
- Where should the reflexive pronoun be placed?

6 Du schreibst an einen Freund/ eine Freundin über deine Alltagsroutine.

Schreib etwas über:
- aufstehen – wann?
- Bett – wann?
- wie du zu Hause hilfst
- was du am Wochenende gemacht hast.

Du musst ungefähr 40 Wörter auf Deutsch schreiben.

hundertdreiunddreißig 133

4 Sprungbrett

🎧 Hören

1 〰️ Listen to two Austrian teenagers talking about clothes. Choose the correct item of clothing (a, b or c) for each person.

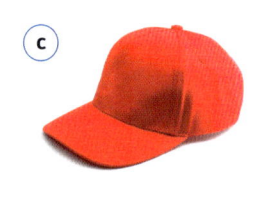

Arno
a   b   c

Lola
a   b   c

2 〰️ Hedda spricht über ihre Geburtstagsparty. Hör zu und schreib den richtigen Buchstaben.

1 Wann hat die Party begonnen?
   a 7:30
   b 8:30
   c 9:30

2 Welches Geschenk hat Hedda von ihrer Mutter bekommen?
   a
   b
   c

3 〰️ Listen to three friends discussing what they wear for different occasions. Answer the questions.

1 Which <u>three</u> items of clothing are mentioned?

a	hoodie
b	watch
c	trainers
d	skirt
e	shirt
f	gloves

2 Which <u>three</u> activities are mentioned?

a	skiing
b	birthday party
c	skateboarding
d	camping
e	cinema
f	dirt biking

134 hundertvierunddreißig

4 Meine Klamotten

💬 Sprechen

4 Practise the role play.

Your teacher will play the part of the shop assistant and will speak first.

You should address the shop assistant as *Sie*.

When you see this – ! – you will have to respond to something you have not prepared.

When you see this – ? – you will have to ask a question.

> Sie sind in einem Geschäft in der Schweiz. Sie sprechen mit dem Verkäufer/der Verkäuferin.
> - eine Tasche
> - für Ihre Schwester
> - !
> - ? (Preis)
> - deine Meinung

💡 Tipp
- When you see the exclamation mark (!), listen carefully to your teacher.
- Think about which questions might come up in the context during your preparation time. For example:
  Welche Farbe möchten Sie?
  Welche Größe?
- In your head, think through how the questions might sound in German and which answers you might give.

5 Practise the photo card activity.

Look at the photos and prepare notes to answer the following questions.

- Was gibt es auf dem Foto?
- Was machen sie?
- Möchtest du Lederhosen oder ein Dirndl tragen? Warum (nicht)?

Think about any other questions you may be asked in relation to **identity and culture**.

Your teacher will ask you the three questions and then **two more questions** which you have not prepared.

6 Your teacher will ask you these questions. Answer them **without** making notes, using the language you already know.

- Wie ist dein Modestil?
- Wo kaufst du lieber deine Klamotten?
- Was trägst du am liebsten?
- Gefällt dir Tracht? Warum (nicht)?

💡 Tipp
In a general conversation in German:
- use language you know
- use past, present and future tenses
- give opinions
- give details and try to make your answers interesting.

Always try to keep your energy level high when speaking and finish all your sentences. Keeping going is more important than 100% accuracy!

hundertfünfunddreißig **135**

5 Sprungbrett

Lesen

1 Read the posts about young people's interests and answer the questions. Write A for Anja, C for Cem or L for Ludwig.

Anja: Ich interessiere mich für soziale Projekte in meiner Stadt. Ich suche oft Informationen im Internet, weil ich Obdachlosen helfen will. Zum Beispiel möchte ich Kleidung spenden und vielleicht in einer Suppenküche mithelfen. Informationen über Promis oder Filmstars lese ich nie.

Cem: Ich bin Kulturfan und sehe gern Filme. Ich benutze das Internet, denn ich kann Informationen und Kritiken über die neuesten Science-Fiction-Filme finden. Ich sehe nicht so gern romantische Komödien, aber manchmal muss ich eine romantische Komödie mit Freunden sehen.

Ludwig: Mir ist Sport ganz wichtig – fast jeder Sport, nur nicht Tanzen. Ich habe auf meinem Handy viele Sport-Apps und Gesundheits-Apps. Ich benutze die Apps für mein Trainingsprogramm. Ich trainiere Montag bis Freitag, aber am Wochenende faulenze ich.

a Who has no interest in celebrities?
b Who trains five times a week?
c Who sometimes gives in to his/her friends' taste?
d Who is interested in volunteering?
e Who likes science-fiction films?
f Who doesn't do anything at the weekend?

2 Lies Janinas Blogeintrag. Wähl die <u>vier</u> richtigen Aussagen.

Janina, 21 Jahre

Hallo. Ich bin Janina und bin seit vielen Jahren Bloggerin. Mit 16 Jahren habe ich über Mode, Make-up und Musik geschrieben, denn ich habe mich total für Trends interessiert. Ich hatte schon ziemlich viele Follower. Ich bin jetzt 21 und interessiere mich immer noch für Mode. Ich gebe Tipps über Mode, zum Beispiel: was für Accessoires sind in dieser Saison angesagt?

Aber jetzt finde ich auch andere Dinge wichtig. Ich liebe Tiere und schreibe regelmäßig über Tierschutz. Ich mag exotische Tiere, wie Tiger, Zebras und Elefanten, aber meine Lieblingstiere sind Haustiere, wie Katzen, Hunde und Kaninchen. Ich glaube, dass man Haustiere auch schützen soll. Ich habe also eine App für den Haustierschutz gemacht. Mit dieser App kann man Geld an Tierheime spenden – ich finde das total wichtig.

| mit 16 Jahren | at the age of 16 |
| angesagt | hip/trendy |

a	Janina hat seit vier Jahren einen Blog.
b	Zu Beginn hat Janina über Trends geschrieben.
c	Vor fünf Jahren hatte Janina schon viele Follower.
d	Janina trägt immer moderne Accessoires.
e	Janina mag Tiere sehr gern.
f	Janina hat exotische Tiere zu Hause.
g	Janina hat eine App gemacht.
h	Janina findet Hausaufgaben wichtig.

5 Virtuelle und reelle Welt

3 Translate your Austrian exchange partner's message into English for your friend.

> Wir machen im Moment in der Schule ein Projekt über Umweltschutz. Ich denke, dass es zu viel Abfall auf der Straße gibt und ich möchte helfen. Gestern habe ich mit meiner Klasse Abfall aufgesammelt. Es war anstrengend, aber ich habe es nützlich gefunden. Ich werde nächstes Jahr wieder ein Projekt machen. Vielleicht werde ich mit Flüchtlingen arbeiten. Wirst du auch ein Projekt machen?

Schreiben

4 Du schickst dieses Foto an einen deutschen Freund/eine deutsche Freundin. Schreib <u>vier</u> Sätze auf Deutsch über das Foto.

- Ich sehe auf dem Foto (eine Frau/zwei Kinder/zwei Jungen).
- Sie sehen vielleicht…
- Sie essen/trinken…
- Sie finden die Sendung…

Tipp
Sometimes you cannot see exactly what is happening in a photo. For example, here you cannot see what the people are watching. Try to interpret from their facial expressions what type of programme they might be watching. You could add the word *vielleicht* (maybe/possibly).

5 Translate the sentences into German.

a I like watching cartoons.
b I don't like sports programmes because I find them boring.
c Yesterday I listened to classical music.
d I think that the internet has many advantages.
e I'm interested in fashion.
f In the future, I will help people.

6 Du schreibst an deinen Freund/deine Freundin in der Schweiz über digitale Medien.

Schreib etwas über:

- wie und wie oft du digitale Medien benutzt
- die Vorteile und Nachteile von digitalen Medien
- die Meinung deiner Eltern über digitale Medien
- wie du gestern dein Handy benutzt hast.

Du musst ungefähr 40 Wörter auf Deutsch schreiben.

Tipp
Try to extend your writing by adding examples, different tenses or explanations. Vary your vocabulary too, so that you don't repeat yourself:

Ich benutze *jeden Tag digitale Medien.* **Ich mache** *meine Hausaufgaben.* **Ich habe** *zum Beispiel gestern eine Stunde Mathehausaufgaben* **gemacht**. **Ich denke, dass das** *zu lang* **ist**. **Meine Eltern denken**, *dass das Internet manchmal Nachteile hat.*

hundertsiebenunddreißig

Grammatik

Nouns

The gender of nouns

There are three **genders** for nouns in German: masculine (**der**), feminine (**die**) and neuter (**das**).

It's best to try to learn any new nouns you encounter with their gender (and with their plural form). There are also a few guidelines to help you work out genders, although there are exceptions. See the *Grammatik* section in the *Echt 1* Student Book for some examples.

Definite and indefinite articles

The **definite articles** ('the') in German are **der** (m), **die** (f), **das** (n) in the singular. When nouns are plural, the definite article is **die**: *Hier sind die Kinder.*

The **indefinite articles** ('a/an') in German are **ein** (m), **eine** (f), **ein** (n). There is no plural form.

The word *kein* ('no/not any') is sometimes called the negative article. It follows the same pattern as *ein/eine/ein*, but its plural form is **keine**: *Sie haben keine Kinder.*

Plural nouns

If you want to use a German noun in the **plural** form (i.e. more than one), you'll need to know (or check) how that noun changes in the plural, as German has several different ways of making plurals.

In the dictionary, the plural form will be shown in brackets after the noun: *Banane* (-n); *Tisch* (-e); *Lehrer* (–). The last of these (–) indicates no change in the plural.

Remember that a few nouns are always plural because of what they mean: *Eltern* (parents); *Großeltern* (grandparents); *Ferien* (holidays); *Leute* (people).

There are also some nouns which are <u>never</u> used in the plural because they are uncountable nouns. For example *der Kaffee* (coffee); *das Obst* (fruit); *das Wetter* (weather); *das Glück* (happiness/luck); *das Gepäck* (luggage).

See the *Grammatik* section in the *Echt 1* Student Book for some guidelines on forming plural nouns.

Pronouns

Subject pronouns

Subject pronouns are the words for 'I', 'you', 'he', etc.

ich	I
du	you (familiar, singular)
er/sie/es	he/she/it
man	one, people, you, we (non-specific)
wir	we
ihr	you (familiar, plural)
Sie	you (formal, singular or plural)
sie	they

The subject pronoun *man* is used when you are not talking about anyone in particular and always takes the same form of the verb as *er*, *sie* and *es*:

Man *muss positiv denken.*
(You/We must think positively.)

When we use verbs, subject pronouns dictate how the verb should be formed.

Grammatik

The case system

German articles change according to how they are used in a sentence. This is called the **case**.

There are four cases in German: nominative, accusative, dative and genitive.

The nominative, accusative and dative cases

The **nominative** case is used for the subject of the sentence (the person doing the action of the verb). Here is an example:

Subject	Verb	
Das Mädchen	ist	lustig.

The **accusative** case is used for the direct object of the sentence (the person/thing which has the action done to it). Here is an example:

Subject	Verb	Direct object
Ich	trage	ein**en** Rock.

Some **prepositions** (words like 'in', 'through', 'with', etc.) are also followed by the accusative case, such as *für* (for): *Ich habe ein**en** Kuchen für mein**en** Freund gebacken.* (I baked a cake for my friend.)

The **dative** case is used after **prepositions of place** that indicate the position of something. For example, it is used with *auf* (on), *hinter* (behind), *in* (in), *neben* (next to), *über* (above) and *vor* (in front of):

neben **dem** Kleiderschrank

in **der** Kommode

auf **dem** Bett

hinter **den** Kerzen

The definite article, indefinite article and *kein* change in the dative case.

This is how the case system looks in the nominative, accusative and dative cases, with definite articles, indefinite articles and *kein*:

	Definite articles			
	Masculine	**Feminine**	**Neuter**	**Plural**
Nominative	der Mann	die Frau	das Buch	die Familien
Accusative	**den** Mann	die Frau	das Buch	die Familien
Dative	**dem** Mann	**der** Frau	**dem** Buch	**den** Familien

	Indefinite articles			
	Masculine	**Feminine**	**Neuter**	**Plural**
Nominative	ein Mann	eine Frau	ein Buch	keine Familien
Accusative	**einen** Mann	eine Frau	ein Buch	keine Familien
Dative	**einem** Mann	**einer** Frau	**einem** Buch	**keinen** Familien

Remember that the **possessive adjectives** *mein/dein/sein/ihr*, etc. (the words for 'my', 'your', 'his', 'her', etc.) behave just like *ein/eine/ein* and *kein*, and so take the same endings in the different cases.

Grammatik

Adjectives

Adjectives are words that describe nouns. When adjectives come <u>after</u> the noun, they behave just like English adjectives:

*Meine Mutter ist **freundlich**.*

*Die Fische sind **rot**.*

However, when adjectives come <u>before</u> the noun, you have to give them an ending.

Here are the adjective endings which are added when adjectives follow a definite article ('the') in the nominative, accusative and dative cases.

	Definite articles			
	Masculine	**Feminine**	**Neuter**	**Plural**
Nominative	der große Bahnhof	die große Wohnung	das große Hotel	die groß**en** Museen
Accusative	den groß**en** Bahnhof	die große Wohnung	das große Hotel	die groß**en** Museen
Dative	dem groß**en** Bahnhof	der groß**en** Wohnung	dem groß**en** Hotel	den groß**en** Museen

Here are the adjective endings we add when adjectives follow an indefinite article ('a/an') or *kein* ('no/not any') in the nominative, accusative and dative cases. They follow the same pattern when they come after possessive adjectives (*mein, dein*, etc.):

	Indefinite articles			
	Masculine	**Feminine**	**Neuter**	**Plural**
Nominative	ein groß**er** Bahnhof	eine große Wohnung	ein groß**es** Hotel	(keine) groß**en** Museen
Accusative	einen groß**en** Bahnhof	eine große Wohnung	ein groß**es** Hotel	(keine) groß**en** Museen
Dative	einem groß**en** Bahnhof	einer groß**en** Wohnung	einem groß**en** Hotel	(keinen) groß**en** Museen

Sometimes there is no article before the noun and different patterns of adjective endings apply. For example, adjectives take an *-e* before a plural noun when there is no article:

*Ich habe lang**e** glatt**e** schwarz**e** Haare.*

Word order

Basic word order

Here is the **basic word order** in a German sentence:

Subject	Verb	Rest of the sentence
Ich	gehe	ins Kino.

The verb-second rule

The **verb** is always in second place in a sentence or clause. This does not mean it's the second word but the **second idea**. Here is an example:

1st idea	2nd idea	Remaining idea
Meine Freundin	ist	intelligent.

Changing a sentence so that the subject is no longer the first idea is called using **inversion**. Inversion is used in the following sentence, where the first idea is an **adverb** of frequency ('sometimes'):

1st idea	2nd idea	Remaining ideas
Manchmal	**sehe**	ich fern.

Subordinate clauses

A **subordinate clause** is dependent on a main clause and doesn't make sense on its own, e.g. *weil es 10 Uhr ist* (because it's 10 o'clock).

The conjunctions *da, weil* and *wenn* send the verb to the end of the subordinate clause they introduce:

*Ich gehe nicht oft ins Kino, **da** es so teuer **ist**.*

*Gestern war eine totale Katastrophe, **weil** ich bis neun Uhr **geschlafen habe**.*

***Wenn** ich die Papiermüllkiste **rausbringe**, kriege ich Geld.*

140 hundertvierzig

Grammatik

Verbs

A **verb** is a word used to describe an action, and all sentences must contain one.

If you look up a verb in the dictionary, you will find it in its **infinitive** form with either an *-en* or *-n* at the end.

For each different person or pronoun (*ich*, *du*, *er*, etc.), you have to use the correct verb ending. Working out a verb's different forms is called **conjugation**.

Regular verbs in the present tense

Many German verbs follow the same pattern of conjugation: these are called **regular verbs**.

Regular verbs are formed by first removing the *-en* from the infinitive to find the verb 'stem', and then adding the correct ending to the stem. See the verb tables on page 143 for the present tense endings of regular verbs.

Irregular verbs in the present tense

Irregular verbs have the same endings as regular verbs BUT, in the *du* and *er/sie/es* forms, the vowel sound changes in the middle of the verb.

There are three ways for the vowel change to happen: the addition of an umlaut (*fahren*); the addition of an extra vowel (*sehen*); or the replacement of the original vowel with another one (*geben*):

Change a > ä e.g. **fahren**	Change e > ie e.g. **sehen**	Change e > i e.g. **geben**
ich fahre	ich sehe	ich gebe
du f**ä**hrst	du s**ie**hst	du g**i**bst
er/sie/es f**ä**hrt	er/sie/es s**ie**ht	er/sie/es g**i**bt

The present tense of *sein* ('to be') and *haben* ('to have')

The most common irregular verbs, *sein* and *haben*, do not follow the patterns of other irregular verbs, so it's important to learn these off by heart as soon as you can. See the verb tables on page 143 for the present tense forms of these verbs.

Modal verbs

Modal verbs are a group of verbs that typically express what we want to, can, should, must or may do. They include the verbs *sollen* (to ought/be supposed to), *können* (to be able to), *müssen* (to have to) and *dürfen* (to be allowed to).

When you use a modal verb, you need a second verb to complete the idea. This is similar to using another verb after 'I can...' in English. In German, the second verb goes to the end of the sentence and is given in the infinitive form.

Man kann Sehenswürdigkeiten besichtigen.
(You can visit the sights.)

Ich darf kein Make-up tragen.
(I'm not allowed to wear any make-up.)

Separable verbs

Some verbs are in two parts: they consist of the normal verb and a separable prefix. These appear together in the infinitive form, but appear separately when used in a sentence: the normal verb goes in the usual place, but the prefix goes to the end of the sentence:

abwaschen (to wash up) → *Ich* **wasche** *jeden Abend* **ab**.
(I wash up every evening.)

aufstehen (to get up) → *Meine Mutter* **steht** *um 7 Uhr* **auf**.
(My mum gets up at 7 o'clock.)

Reflexive verbs

Reflexive verbs are often for actions that you do to yourself (although not always, as the examples show). They include a reflexive pronoun, which comes straight after the verb:

Ich **entspanne mich** *nach dem Abendessen.*
(I relax after the evening meal).

sich interessieren (to be interested in)		
ich	interessiere	mich
du	interessierst	dich
er/sie/es	interessiert	sich
wir	interessieren	uns
ihr	interessiert	euch
sie/Sie	interessieren	sich

hunderteinundvierzig

Grammatik

Tenses

The perfect tense

The perfect tense is used to talk about things that happened in the past. It's made up of two parts: the **auxiliary** (or 'helping' verb) and the **past participle**. The auxiliary verb goes in the usual place in the sentence (second), and it is usually *haben*. The past participle goes to the end of the sentence.

The perfect tense with *haben*

To form the past participle, you take off the *-en* ending from the infinitive of the verb. Then you (usually) add **ge-** to the beginning of the verb stem and **-t** to the end. For example:

(spielen) Ich habe gespielt....
(I played/have played...)

Refer to the verb tables on page 143 to see how the perfect tense with *haben* is formed.

Verbs which begin with certain **prefixes** do not add *ge-* to the past participle. These include **ver-** (e.g. *versuchen*), **be-** (e.g. *besuchen*) and **ge-** (e.g. *gewinnen*). Verbs which end in **-ieren** (e.g. *studieren*) also do not add *ge-*.

The perfect tense with *sein*

Another group of verbs form their perfect tense with *sein* (to be). These are usually verbs of movement, such as *gehen, fahren, fliegen, kommen* and *laufen*. The auxiliary (*sein*) is in second place in the sentence and the participle goes to the end of the sentence. For example:

(gehen) Ich bin gegangen....
(I went/have gone...)

Refer to the verb tables on page 143 to see how the perfect tense with *sein* is formed.

Separable verbs and the perfect tense

With separable verbs, the **ge-** goes after the separable prefix:

Ich bin um 7 Uhr aufgestanden.
(I got up at 7 o'clock.)

The imperfect tense

The imperfect tense is another way of talking about the past. It's often used in formal writing, such as newspaper articles and stories. It's used in speech for only a few verbs, including *haben, sein, müssen* and in the phrase *es gab* (there was/were).

In the imperfect tense, regular verbs remove the *-en* from the infinitive form of the verb and add the imperfect endings. Refer to the verb tables on page 143 to see how regular verbs are formed in the imperfect tense.

The most common irregular verbs that you will use in the imperfect tense are *haben* and *sein*. Refer to page 143 to see how these are formed.

The future tense

The future tense is used to talk about what you will do or what you are going to do. To form the future tense, you need to use the correct form of the auxiliary verb *werden*, plus a second verb in the infinitive. The infinitive goes to the end of the clause.

Subject	Auxiliary verb (werden)	Infinitive
ich	werde	
du	wirst	
er/sie/es	wird	wohnen.
wir	werden	
ihr	werdet	
sie/Sie	werden	

142 hundertzweiundvierzig

Grammatik

Verb tables

Present tense and imperfect tense

Regular verbs

wohnen (to live)	(imperfect)
ich wohne	ich wohnte
du wohnst	du wohntest
er/sie/es wohnt	er/sie/es wohnte
wir wohnen	wir wohnten
ihr wohnt	ihr wohntet
sie/Sie wohnen	sie/Sie wohnten

kaufen (to buy)	(imperfect)
ich kaufe	ich kaufte
du kaufst	du kauftest
er/sie/es kauft	er/sie/es kaufte
wir kaufen	wir kauften
ihr kauft	ihr kauftet
sie/Sie kaufen	sie/Sie kauften

Irregular verbs

haben (to have)	(imperfect)
ich habe	ich hatte
du hast	du hattest
er/sie/es hat	er/sie/es hatte
wir haben	wir hatten
ihr habt	ihr hattet
sie/Sie haben	sie/Sie hatten

sein (to be)	(imperfect)
ich bin	ich war
du bist	du warst
er/sie/es ist	er/sie/es war
wir sind	wir waren
ihr seid	ihr wart
sie/Sie sind	sie/Sie waren

Perfect tense with *haben*

wohnen (to live)	**machen** (to do/make)	**spielen** (to play)
ich habe … gewohnt	ich habe … gemacht	ich habe … gespielt
du hast … gewohnt	du hast … gemacht	du hast … gespielt
er/sie/es hat … gewohnt	er/sie/es hat … gemacht	er/sie/es hat … gespielt
wir haben … gewohnt	wir haben … gemacht	wir haben … gespielt
ihr habt … gewohnt	ihr habt … gemacht	ihr habt … gespielt
sie/Sie haben … gewohnt	sie/Sie haben … gemacht	sie/Sie haben … gespielt

Perfect tense with *sein*

gehen (to go)	**fahren** (to go/travel)	**fliegen** (to fly)
ich bin … gegangen	ich bin … gefahren	ich bin … geflogen
du bist … gegangen	du bist … gefahren	du bist … geflogen
er/sie/es ist … gegangen	er/sie/es ist … gefahren	er/sie/es ist … geflogen
wir sind … gegangen	wir sind … gefahren	wir sind … geflogen
ihr seid … gegangen	ihr seid … gefahren	ihr seid … geflogen
sie/Sie sind … gegangen	sie/Sie sind … gefahren	sie/Sie sind … geflogen

hundertdreiundvierzig

Glossar

Here is a key to the abbreviations used in the glossary:

adj adjective – a describing word

adv adverb – a word that describes or changes the meaning of a verb or adjective

conj conjunction – a joining word

n noun – a person, animal, object, place or thing

n pl plural noun – a noun in the plural form (more than one)

p preposition – a word that specifies time, direction or place

v verb – a 'doing' or 'being' word

A

	am Abend		in the evening
	heute Abend		this eveing
	nach dem Abendessen		after dinner/the evening meal
	abends	adv	in the evening
der	Abenteuerfilm (-e)	n	action/adventure film
	Abfall aufsammeln	v	to pick up litter
	Absatzschuhe	n pl	high-heeled shoes
	abtrocknen	v	to dry
	abwaschen	v	to wash up
das	Accessoire (-s)	n	accessory
die	AG (-s)	n	(after-school) club
	aktiv sein	v	to be active
	allein	adj	alone, on (your) own
das	Altenheim (-e)	n	care home for elderly people
die	Altenhilfe	n	helping the elderly
	alternativ	adj	alternative
	sich amüsieren	v	to enjoy yourself
	angeln gehen	v	to go fishing
	anstrengend	adj	exhausting, tiring
	sich anziehen	v	to get dressed
	arbeiten	v	to work
die	Armbanduhr (-en)	n	watch
	attraktiv	adj	attractive

	auf	p	on
	aufräumen	v	to clear up, to tidy up
	aufregend	adj	exciting
	aufstehen	v	to get up, to get out of bed
	aufwachen	v	to wake up
	Ausflüge machen	v	to do excursions
	ausgeben	v	to spend (money)
	im Ausland		abroad, overseas
	aussuchen	v	to choose, pick out
	mit dem Auto		by car
	Autos waschen	v	to wash cars

B

	Backgammon spielen	v	to play backgammon
das	Bad (Bäder)	n	bath, bathroom
das	Badezimmer (-)	n	bathroom
	das Badezimmer putzen	v	to clean the bathroom
der	Bahnhof (-höfe)	n	railway station
	bald	adv	soon
der	Bauernhof (-höfe)	n	farm
	beginnen	v	to begin
die	Behindertenhilfe	n	helping people with disabilities
	beliebt	adj	popular
	benutzen	v	to use
	bequem	adj	comfortable
	in den Bergen		in the mountains
	besuchen	v	to visit
das	Bett (-en)	n	bed
	im Bett		in bed
	ins Bett gehen	v	to go to bed
	das Bett machen	v	to make the bed
	billig	adj	cheap
	ein bisschen		a bit
	blöd	adj	stupid
der	Boden (Böden)	n	floor
der	Bollywoodfilm (-e)	n	Bollywood film
	eine Bootsfahrt machen	v	to do/go on a boat trip
	in Boutiquen		in boutiques
	bügeln	v	to iron
	bunt	adj	bright, colourful

144 hundertvierundvierzig

Glossar

	mit dem Bus		by bus/coach
der	Busbahnhof (-höfe)	n	bus station
die	Bushaltestelle (-n)	n	bus stop

C

das	Café (-s)	n	café
	ins Café gehen	v	to go to the café
das	Cap (-s)	n	cap
	chaotisch	adj	chaotic
	charmant	adj	charming
	mit der Familie/Freunden chatten	v	to chat with family/friends
der	Computer (-)	n	computer
	Computerspiele spielen	v	to play computer games
	cool	adj	cool, trendy
das	Cyber-Mobbing (-)	n	cyberbullying

D

	da	conj	as, since
die	Dachterrasse (-n)	n	roof terrace
	damals	adv	back then, at that time
	danach	adv	afterwards
die	Dance-Musik	n	dance music
	dann	adv	then
	Das gibt's nicht.		That isn't possible., I can't believe it.
	Ich denke, dass…		I think that…
	denken	v	to think
	deshalb	adv, conj	therefore, so
	in Designerläden		in designer shops
	Deutsch unterrichten	v	to teach German
	Deutschland	n	Germany
der	Deutschrap	n	German rap
die	Dokumentarsendung (-en)	n	documentary
das	Doppelhaus (-häuser)	n	semi-detached house
	in einem Dorf		in a village
	dort	adv	there
	durch	p	through
	durchschnittlich	adv	on average
	sich duschen	v	to have a shower

E

	echt	adv	really, truly
	einfach	adj	simple, basic
das	Einfamilienhaus (-häuser)	n	detached house
	einkaufen gehen	v	to go shopping
	im Einkaufszentrum		in the shopping centre
	einladen	v	to invite
die	Einladung (-en)	n	invitation
	einmal	adv	once, at some point
	einschlafen	v	to go to sleep, to fall asleep
	elegant	adj	elegant
	Eltern	n pl	parents
	endlich	adv	finally
	sich entspannen	v	to relax
	entspannend	adj	relaxing
	enttäuscht	adj	disappointed
die	Erfahrung (-en)	n	experience
das	Erlebnis (-se)	n	experience, adventure
	am ersten Tag		on the first day
	Es gab…		There was/were…
	Es gab Regen.		It rained.
	Es gab Schnee.		It snowed.
	Es gefällt mir.		I like it.
	Es gibt…		There is/are…
	Es ist…		It is…
	Es tut mir leid.		I'm sorry.
	Es war…		It was…
	Es wird … geben.		There will be…
	essen	v	to eat
das	Esszimmer (-)	n	dining room

F

	fahren	v	to travel
	Fahren Sie mit dem Bus Nummer…		Take bus number…
	mit dem Fahrrad		by bike
	fair	adj	fair
	Das ist falsch.		That's wrong/false.
	Ich fand es…/Das fand ich…		I found it…
	fast	adv	almost
	faszinierend	adj	fascinating
die	Feier (-n)	n	party, celebration
das	Fenster (-)	n	window
die	Ferienwohnung (-en)	n	holiday flat

hundertfünfundvierzig

Glossar

der	Fernseher (-)	n	television
die	Fernsehsendung (-en)	n	TV programme
das	Fest (-e)/Festival (-s)	n	festival
	Ich finde es.../Das finde ich...		I find it...
	finden	v	to find
	fliegen	v	to fly
	auf dem Flohmarkt		at the flea market
die	Flüchtlingshilfe	n	helping refugees
der	Flughafen (-häfen)	n	airport
	mit dem Flugzeug		by plane
der	Fluss (Flüsse)	n	river
	am folgenden Tag		on the following day
	Frankreich	n	France
	mit Fremden sprechen	v	to speak with strangers
	fremdsprachig	adj	(about a film/TV show) foreign-language
der/die	Freund (-e)/Freundin (-nen)	n	friend
	mit (meinen) Freunden		with (my) friends
	früher	adv	before, previously, in the past
	für mich		for me/myself
	furchtbar	adj	awful
das	Fußballspiel (-e)	n	football match

G

	ganz	adv	quite
	gar nicht	adv	not at all
der	Garten (Gärten)	n	garden
	im Garten arbeiten	v	to do gardening
das	Gasthaus (-häuser)	n	guesthouse
	Das hat mir gut gefallen.		I liked it.
	Das hat mir nicht gut gefallen.		I didn't like it.
	Mir gefällt/gefallen... (nicht).		I (don't) like...
	Gehen Sie...		Go...
das	Geld	n	money
	Geld dafür kriegen	v	to get money in return
	(viel) Geld für ... ausgeben	v	to spend (a lot of) money on...
	Geld sammeln	v	to collect/raise money
	Geld spenden	v	to donate money
	gemütlich	adj	cosy
	genug	adj	enough
	geradeaus	adv	straight on
das	Geschäft (-e)	n	shop
	Geschenke kaufen	v	to buy gifts
	gestern	adv	yesterday
	gestreift	adj	striped
	gesund essen	v	to eat healthily
das	gesunde Leben	n	healthy living
	Ich glaube, dass...		I think/believe that...
	glauben	v	to believe
	glücklich	adj	happy
	golden	adj	gold
	groß	adj	large
	in großen Städten		in big cities
	grün	adj	green
	gruselig	adj	scary
	gut	adj	good

H

	Handschuhe	n pl	gloves
das	Handy (-s)	n	mobile phone
	auf meinem/dem Handy		on my/the mobile phone
	auf mein Handy gucken	v	to look at my mobile phone
das	Haus (Häuser)	n	house
	(meine) Hausaufgaben machen	v	to do (my) homework
das	Hausboot (-e)	n	houseboat
	zu Hause helfen	v	to help out at home
	in unserem Haushalt		in our household
	heiß	adj	hot
der	Helm (-e)	n	helmet
das	Hemd (-en)	n	shirt
	heute	adv	today
	heutzutage	adv	nowadays
	hinter	p	behind
der	Hip-Hop	n	hip-hop
das	Hochhaus (-häuser)	n	skyscraper, high-rise building
die	Höhle (-n)	n	cave
	ein Hop-On-Hop-Off Bustour machen	v	to do a sightseeing bus tour
	(Musik) hören	v	to listen to (music)
der	Horrorfilm (-e)	n	horror film
die	Hose (-n)	n	trousers
das	Hotel (-s)	n	hotel
	hübsch	adj	cute, nice, pretty
der	Hut (Hüte)	n	hat

146 hundertsechsundvierzig

Glossar

I

	ideal	adj	ideal
	idyllisch	adj	idyllic
die	Imbissbude (-n)	n	takeaway, snack stand
	immer	adv	always
	in	p	in
	Informationen	n pl	information
	interessant	adj	interesting
	sich interessieren (für etwas)	v	to be interested (in)
	Das interessiert mich.		That interests me.
das	Internet	n	internet
	im Internet		on the internet
	ins Internetcafé gehen	v	to go to the internet café
	irgendwann	adv	at some point
	irgendwie	adv	somehow
	Italien	n	Italy

J

die	Jacke (-n)	n	jacket
	letztes/nächstes Jahr		last/next year
	in den 1970er Jahren		in the 1970s
	Jeans	n pl	jeans
die	Jugendherberge (-n)	n	youth hostel

K

	kalt	adj	cold
	Kanu fahren	v	to go canoeing
der	Kapuzenpullover (-)	n	hoodie, hooded sweatshirt
	kariert	adj	checked
das	Kaufhaus (-häuser)	n	department store
	Keine Chance!		No way!
der	Keller (-)	n	cellar
	Kerzen	n pl	candles
die	Kette (-n)	n	chain, necklace
	kindisch	adj	childish
das	Kino (-s)	n	cinema
	ins Kino gehen	v	to go to the cinema
die	Kirche (-n)	n	church
	Klamotten	n pl	clothes (colloquial)
	Klamotten kaufen	v	to buy clothes
	klassisch	adj	classic

die	klassische Musik	n	classical music
das	Kleid (-er)	n	dress
der	Kleiderschrank (-schränke)	n	wardrobe
die	Kleidung	n	clothing
das	Kleidungsstück (-e)	n	item of clothing
	in kleinen Läden		in small shops
	klettern	v	to go climbing
	kochen	v	to cook
die	Kommode (-n)	n	chest of drawers
	kompliziert	adj	complicated
	in Kontakt bleiben	v	to stay in contact
das	Konzert (-e)	n	concert
	auf ein Konzert gehen	v	to go to a concert
	ein Konzert sehen	v	to see a concert
	mit Kopfhörern		with headphones
die	Krawatte (-n)	n	tie
der	Krimi (-s)	n	crime/detective drama
die	Küche (-n)	n	kitchen
	Kuchen verkaufen	v	to sell cakes
	sich um ... kümmern	v	to look after
	kurz	adj	short
	an der Küste		on the coast

L

der	Laden (Läden)	n	shop
die	Lampe (-n)	n	lamp
	auf dem Land		in the countryside
	lang	adj	long
	langsam	adj	slow
	langweilig	adj	boring
	lässig	adj	relaxed, casual
	laut	adj	noisy, loud
	leben	v	to live
	lebendig	adj	lively, upbeat
die	Lederjacke (-n)	n	leather jacket
	leidenschaftlich	adj	passionate
	leider	adv	unfortunately
	am letzten Tag		on the last day
	als letztes		most recently
	Leute	n pl	people
die	Lichterkette (-n)	n	(chain of) fairy lights
	lieben	v	to love
	lieber	adv	better
der/die	Lieblingsdesigner (-)/ Lieblingsdesignerin (-nen)	n	favourite designer
der	Lieblingsfilm (-e)	n	favourite film

hundertsiebenundvierzig 147

Glossar

der/die	Lieblingssänger (-)/ Lieblingssängerin (-nen)	n	favourite singer
	am liebsten	adv	best/most of all
	auf der linken Seite		on the left-hand side
	links	adv	(on the) left
	lustig	adj	funny

M

	Ich mag… (nicht).		I (don't) like…
	Make-up kaufen	v	to buy make-up
	Man kann dort…		You can … there.
	manchmal	adv	sometimes
der	Mantel (Mäntel)	n	coat
	am Meer		by the sea
	mehrere		several
die	Mehrwegflasche (-n)	n	reusable bottle
	meistens	adv	usually
die	Melodie (-n)	n	melody, tune
	melodisch	adj	tuneful
die	Mensa (Mensen)	n	canteen
	Menschen helfen	v	to help people
der/die	Mitarbeiter (-)/ Mitarbeiterin (-nen)	n	colleague
	mitkommen	v	to come (with)
	mitsingen	v	to sing along
	nach dem Mittagessen		after lunch
	mittags	adv	at midday
	Ich möchte…		I would like…
die	Mode (Moden)	n	fashion
der	Modestil (-e)	n	style, dress sense
	morgens	adv	in the morning
die	Moschee (-n)	n	mosque
	mit dem Motorrad		by motorbike
das	Museum (Museen)	n	museum
	ein Museum besuchen	v	to visit a museum
	auf Musikplattformen		on music platforms
	Das muss … wirken.		It has to look…
	müssen	v	to have to
die	Mutter (Mütter)	n	mother

N

	nach	p	to (a place)
die	Nachrichten	n pl	the news
der	Nachteil (-e)	n	disadvantage
	nachts	adv	at night
	nass	adj	wet
	neben	p	next to
	neblig	adj	foggy
	nehmen	v	to take
	Nehmen Sie…		Take…
	nervig	adj	annoying
	Das nervt mich (gar nicht).		That annoys me./That doesn't annoy me at all.
	Netflix sehen	v	to watch Netflix
	nicht mehr	adv	no longer
	nicht so oft	adv	not so often
	nicht so viel/viele	adv	not as much/many
	nicht zu schrecklich	adj	not too awful
	nie	adv	never
	normalerweise	adv	normally, usually
	nützlich	adj	useful

O

die	Obdachlosenhilfe	n	helping homeless people
	oft	adv	often
	Ohrringe	n pl	earrings
	okay	adj	OK
	ordentlich	adj	tidy, neat
	in Ordnung		OK
	organisiert	adj	organised
	(total) out	adj	unfashionable

P

	ein paar	adj	a few, some
das	Paar (-e) (Sneaker)	n	pair (of trainers)
	die Papiermüllkiste rausbringen	v	to bring out the paper/cardboard recycling
der	Park (-s)	n	park
	in den Park gehen	v	to go to the park
die	Party (-s)	n	party
	nach der Pause		after break(time)
	eine Pause machen	v	to take a break
	perfekt	adj	perfect

Glossar

	German	Type	English
	persönlich	adj	personally
	Pompons	n pl	pompoms
der	Pop	n	pop music
	positiv denken	v	to think positively
	Postkarten schreiben	v	to write postcards
	praktisch	adj	practical
	prima	adj	fantastic
	pro (Tag)	p	per (day)
das	Problem (-e)	n	problem
das	Projekt (-e)	n	project
der	Pullover (-)	n	jumper, sweatshirt
	putzen	v	to clean

Q

	German	Type	English
	quer durch	adv	across, through

R

	German	Type	English
	im Radio		on the radio
	eine Radtour machen	v	to do/go on a cycling/bike tour
	sich rasieren	v	to shave
die	Reality-TV-Serie (-n)	n	reality TV show
	auf der rechten Seite		on the right-hand side
	rechts	adv	(on the) right
das	Reihenhaus (-häuser)	n	terraced house
das	Restaurant (-s)	n	restaurant
das	Rezept (-e)	n	recipe, presciption
	rhythmisch	adj	rhythmic
der	Rhythmus (Rhythmen)	n	rhythm
	richtig	adj, adv	right, correct; really
	Das ist richtig.		That's true.
der	Ring (-e)	n	ring
der	Rock (Röcke)	n	skirt
die	Rockmusik	n	rock music
die	Rollenverteilung	n	division of (family) roles
	romantisch	adj	romantic
die	romantische Komödie (-n)	n	romantic comedy
	ruhig	adj	quiet
	(Musik) runterladen	v	to download (music)

S

	German	Type	English
	sauber machen	v	to clean
	Das ist schade.		That's a shame.
	mit dem Schiff		by ship, by ferry
	(genug) schlafen	v	to (get enough) sleep
das	Schlafzimmer (-)	n	bedroom
der	Schlager (-)	n	German pop
das	Schloss (Schlösser)	n	castle
	mit dem Schneemobil		by snowmobile
	schnorcheln	v	to go snorkelling
	schön	adj	beautiful
	schön möbliert	adj	beautifully furnished
der	Schrank (Schränke)	n	cupboard
	schrecklich	adj	terrible
der	Schreibtisch (-e)	n	desk
	nach der Schule		after school
die	Schule (-n)	n	school
der	Science-Fiction-Film (-e)	n	science-fiction film
	in Secondhandläden		in second-hand shops
	am See		on/by a lake
	eine Segwaytour machen	v	to do a Segway tour
	Ich sehe (nicht) gern…		I (don't) like watching…
	Sehenswürdigkeiten besichtigen	v	to visit (the) sights
	sehr	adv	very
der	Sessel (-)	n	armchair, easy chair
das	Shoppen (-)	n	shopping
	shoppen gehen	v	to go shopping
	Du siehst … aus.		You look…
die	silberne Kette (-n)	n	silver chain/necklace
	Skateboard fahren	v	to go skateboarding
	auf das Smartphone (nicht) gucken	v	to (not) look at your smartphone
	kein Smartphone haben	v	to have no smartphone
	Sneakers	n pl	trainers
	sogar	adv	even
	letzten Sommer		last summer
	nächsten Sommer		next summer
die	Sommerferien	n pl	summer holidays
	sondern	conj	but (rather)
der	Sonnenaufgang (-aufgänge)	n	sunrise
die	Sonnenbrille (-n)	n	sunglasses
der	Sonnenuntergang (-untergänge)	n	sunset
	sonnig	adj	sunny
	sowieso	adv	anyway
	soziale Medien benutzen	v	to use social media
	Spanien	n	Spain

hundertneunundvierzig **149**

Glossar

	spannend	adj	exciting
	(für einen/eine/ein …) sparen	v	to save up (for a…)
	Es hat Spaß gemacht.		I had fun., It was fun.
	Das wird Spaß machen.		It will be fun.
	spät nach Hause kommen	v	to get home late
	später	adv	later (on)
	mit meinem Hund spazieren gehen	v	to walk my dog
	Sport treiben	v	to do sport
	sportlich	adj	sporty
die	Sportsendung (-en)	n	sports show
	mit der Familie/ Freunden sprechen	v	to speak to family/ friends
	in der Stadt		in town, in the city
	in die Stadt gehen	v	to go into town
	einen Stadtbummel machen	v	to walk around the town
	am Stadtrand		on the outskirts of town
der	Stadtteil (-e)	n	town district, neighbourhood
	Staub saugen	v	to vacuum
	Stiefel	n pl	boots
der	Stil (-e)	n	style, dress sense
die	Stimmung (-en)	n	mood, atmosphere
	im ersten/zweiten/ dritten Stock		on the first/second/ third floor
	auf der Straße		in the street
die	Straße (-n)	n	street
	Das stresst mich (nicht).		That stresses me out./ That doesn't stress me out.
der	Stuhl (Stühle)	n	(desk) chair
die	Stunde (-n)	n	hour, lesson
	stürmisch	adj	stormy
	suchen	v	to look for
	super	adj	super
die	Synagoge (-n)	n	synagogue

T

das	T-Shirt (-s)	n	T-shirt
	Tai-Chi machen	v	to do tai chi
die	Tasche (-n)	n	bag
	tauchen	v	to go diving
die	Temperatur (-en)	n	temperature
	Tennis spielen	v	to play tennis
der	Teppich (-e)	n	carpet, rug
	teuer	adj	expensive

	Texte	n pl	lyrics
	in einem Tierheim arbeiten	v	to work in an animal shelter
der	Tierschutz	n	animal protection
das	Tipi-Dorf (-Dörfer)	n	teepee village
der	Tisch (-e)	n	table
	den Tisch decken	v	to lay the table
die	Toilette (-n)	n	toilet
	toll	adj	great
	total	adv	totally
	traditionell	adj	traditional
	tragen	v	to wear
	Ich trage gern/lieber/ am liebsten…		I like wearing…/I prefer wearing…/I like wearing … best of all.
	treffen	v	to meet (up)
der	Trend (-s)	n	trend
	trinken	v	to drink
die	Tür (-en)	n	door
	Turnschuhe	n pl	trainers

U

die	U-Bahn (en)	n	underground train
	über	p	above
	überall	adv	everywhere
	übernachten	v	to stay (overnight)
	um … Uhr		at … o'clock
	Um wie viel Uhr…?		At what time…?
	sich für Umweltschutz interessieren	v	to be interested in protecting the environment
der	Umweltschutz	n	environmental protection
	unabhängig sein	v	to be independent
	unfair	adj	unfair
	unglücklich	adj	unhappy
	unrealistisch	adj	unrealistic
	unterhaltsam	adj	entertaining
die	Unterkleidung	n	underwear
	unwichtig	adj	unimportant

Glossar

V

	German	Type	English
die	Veranstaltung (-en)	n	event
	(Zeit) verbringen	v	to spend (time)
	vergessen	v	to forget
	ein Videospiel machen	v	to play a video game
	viel zu tun haben	v	to have a lot to do
die	Volksmusik	n	folk music
	von	p	by, from, of
	vor	p	in front of
	vorbereiten	v	to prepare
der	Vorteil (-e)	n	advantage

W

	German	Type	English
	Wahnsinn!		Awesome!
	Wann…?		When…?
	Was für…?		What kinds of…?
	Was hast du gemacht?		What did you do?
	Was kann man … machen?		What can you do…?
	Was willst du sehen?		What do you want to watch?
	Was…?		What…?
	waschen	v	to (have a) wash
	(viel) Wasser trinken	v	to drink (a lot) of water
der	Weihnachtsmarkt (-märkte)	n	Christmas market
	weil	conj	because
	Welcher/Welche/Welches…?		Which…?
	wenig	adj	few, not many
	wenn	conj	if, when
	Wer…?		Who…?
	Das Wetter war…		The weather was…
	wichtig	adj	important
	Wie bist du gefahren?		How did you travel?
	Wie findest du…?		How do you find…?
	Wie hast du … gefunden?		How did you find…?
	Wie hat es dir gefallen?		How did you like it?
	Wie komme ich am besten zum/zur…?		What's the best way to get to the…?
	Wie oft…?		How often…?
	Wie sehe ich aus?		How do I look?
	Wie war das Wetter?		How was the weather?
	Wie war es?		How was it?
	Wie…?		How…?
	Wieso denn?		How come?
	Wildwasser-Rafting machen	v	to do white-water rafting
	Ich will … sehen.		I want to watch…
	Willst du…?		Do you want to…?
	windig	adj	windy
	windsurfen	v	to go windsurfing
	wirklich	adv	really
	Wo hast du übernachtet?		Where did you stay?
	Wo wohnst du?		Where do you live?
	Wo…?		Where…?
	letzte/nächste Woche		last/next week
	am Wochenende		at the weekend
	letztes/nächstes Wochenende		last/next weekend
das	Wohltätigkeitsprojekt (-)	n	charity/volunteering project
der	Wohnblock (-s)	n	block of flats
	Ich wohne (nicht) gern hier.		I (don't) like living here.
	wohnen	v	to live
das	Wohnmobil (-e)	n	campervan
der	Wohnort (-orte)	n	place to live, place of residence
die	Wohnung (-en)	n	flat, apartment
	wolkig	adj	cloudy
	wollen	v	to want
	Wollen wir…?		Shall we…?
	Wollt ihr…?		Do you (guys) want to…?
	wunderbar	adj	wonderful
	wunderschön	adj	beautiful

Y

	German	Type	English
	Yoga machen	v	to do yoga

Z

	German	Type	English
der	Zeichentrickfilm (-e)	n	cartoon
	Zeitschriften lesen	v	to read magazines
	zelten	v	to camp
	ziemlich	adv	quite
das	Zimmer (-)	n	room
	in meinem Zimmer		in my room
	zu	adv	too
	zuerst	adv	first, first of all
	mit dem Zug		by train
	in der Zukunft		in the future
	zuletzt	adv	last, most recently

hunderteinundfünfzig

OXFORD
UNIVERSITY PRESS

Great Clarendon Street, Oxford, OX2 6DP, United Kingdom

Oxford University Press is a department of the University of Oxford.

It furthers the University's objective of excellence in research, scholarship, and education by publishing worldwide. Oxford is a registered trade mark of Oxford University Press in the UK and in certain other countries

© Oxford University Press 2021

The moral rights of the author[s] have been asserted

First published in 2021

All rights reserved. No part of this publication may be reproduced, stored in a retrieval system, or transmitted, in any form or by any means, without the prior permission in writing of Oxford University Press, or as expressly permitted by law, by licence or under terms agreed with the appropriate reprographics rights organization. Enquiries concerning reproduction outside the scope of the above should be sent to the Rights Department, Oxford University Press, at the address above.

You must not circulate this work in any other form and you must impose this same condition on any acquirer

British Library Cataloguing in Publication Data
Data available

978-0-19-849472-0

10 9 8 7 6 5 4

The manufacturing process conforms to the environmental regulations of the country of origin.

Printed in Great Britain, by Bell and Bain Ltd., Glasgow

Acknowledgements
The publisher would like to thank the following for permissions to use copyright material:

p43: https://www.kindernetz.de, reproduced with permission from SWR Media Services GMbH; **p87:** https://www.alpenmaedel.de, reproduced with permission from Claudia Nowka/Alpenmädel Dirndl Design; **p87:** www.nohnee.com, reproduced with permission from Attila Henning/Noh Nee

Audio recordings produced by Colette Thomson for Footsteps Productions Ltd and Andrew Garratt (sound engineer).

Cover images by:
hanohiki/shutterstock; Luisa Fumi/ Shutterstock; struvictory/Shutterstock; manfredxy/Shutterstock.

p6: Monkey Business Images/Shutterstock; **p8t:** Linda Robertus/Shutterstock; **p8m:** nito/Shutterstock; **p8b:** Thomas Warnack /DNA/Getty; **p11l:** Vladimir Kant/Shutterstock; **p13t:** Maria Teijeiro/Getty Images; **p13b:** Kzenon/Shutterstock; **p14(a):** Roman Babakin/Shutterstock; **p14(b):** Bogdan Ionescu /123RF; **p14(c):** Nick Kee Son/ Shutterstock; **p14(d):** Volodymyr Burdiak/Shutterstock; **p14(e):** SHMYR/Shutterstock; **p14(f):** NYC Russ/Shutterstock; **p14(g):** 123RF; **p14(h):** MartinLueke/Shutterstock; **p17:** PHILIPIMAGE/ Shutterstock; **p18t:** Getty Images; **p18b:** Shutterstock; **p19(a):** Tupungato/Shutterstock; **p19(a):** Kidsada Manchinda/Shutterstock; **p19(b):** Yuliya Yesina/Shutterstock; **p19(b):** Vyaseleva Elena/Shutterstock; **p19(c):** hurricanehank/Shutterstock; **p19(c):** Kidsada Manchinda/Shutterstock; **p19(d):** And-One/Shutterstock; **p19(d):** Kidsada Manchinda/Shutterstock; **p20:** mauritius images GmbH/Alamy Stock Photo; **p20(a):** New Africa/ Shutterstock; **p20(b):** Alexander Prokopenko/ Shutterstock; **p20(c):** Stanislav Stradnic/ Shutterstock; **p20(d):** Natasha Breen/ Shutterstock; **p20(e):** Peredniankina/ Shutterstock; **p20(f):** Roman Babakin/ Shutterstock; **p27:** fokke baarssen/ Shutterstock; **p30(a):** fizkes/Shutterstock; **p30(b):** New Africa/Shutterstock; **p30(c):** Pixel-Shot/Shutterstock; **p34t:** RossHelen/Shutterstock; **p34b:** Anne Richard/Shutterstock; **p36(a):** Bildagentur Zoonar GmbH/Shutterstock; **p36(b):** DR pics/Shutterstock; **p36(c):** val lawless/Shutterstock; **p36(d):** Martin Charles Hatch/ Shutterstock; **p36(e):** hydebrink/ Shuttterstock; **p36(f):** Roman Babakin/ Shutterstock; **p37:** Roninnw/Shutterstock; **p39:** Monkey Business Images/ Shutterstock; **p42:** Wassily Sessel Chair (1925) by Marcel Breuer/Juergen Hanel/Alamy Stock Photo; **p43t:** LianeM/ Shutterstock; **p43b:** Marusya Chaika/Shutterstock; **p47:** adpePhoto/Shutterstock; **p49:** Stefan Holm/Shutterstock; **p52t:** Julian Weber/ Shutterstock; **p52b:** Getty Images; **p53t:** Yuttana Jaowattana/ Shutterstock; **p53b:** Hakuna. Mazaza/ Shutterstock; **p56:** Monkey Business Images/ Shutterstock; **p57:** Daniel M Ernst/ Shutterstock; **p58(a):** Bashutskyy/ Shutterstock; **p58(b):** AMA/Shutterstock **p58(c):** Andrew Cribb / Alamy Stock Photo; **p58(d):** Monkey Business Images/ Shutterstock; **p58(e):** Karramba Production/ Shutterstock; **p58(f):** Daisy Daisy/Shutterstock; **p58(g):** Nik Waller Productions/ Shutterstock; **p58(h):** Werayuth Tes/ Shutterstock; **p60(a):** Prostock-Studio/iStock; **p60(b):** HRAUN/iStock; **p60(c):** vitapix/iStock; **p60(d):** Rawpixel.com/ Shutterstock; **p60(e):** mixetto/iStock; **p60(f):** ArtMarie/iStock; **p60(g):** 4Max/ Shutterstock; **p60(h):** Prostock-studio/Shutterstock; **p62(a):** Ababsolutum/iStock; **p62(b):** imageBROKER/ Alamy Stock Photo; **p62(c):** petographer/Alamy Stock Photo; **p62(d):** kali9/iStock; **p62(e):** Ben Gingell/123RF; **p62(f):** Olga Marc/123RF; **p63:** Shutterstock; **p64:** Ian Hubball/Alamy Stock Photo; **p65:** Filipe Farinha/ Getty Images; **p68:** Photographee.eu/Shutterstock; **p69:** Rawpixel.com/Shutterstock; **p71:** yacheslav Dumchev/iStock; **p74t:** 4FR/iStock; **p74m:** michaelheim/Shutterstock; **p74b(1):** GeorgeVieiraSilva/ Shutterstock; **p74b(2):** WorldPhotosadanijs/Shutterstock; **p75(a):** Christina Richards/Shutterstock; **p75(b):** Rishiken/Shutterstock; **p75(c):** My Life Graphic/Shutterstock; **p80(a):** Hill Street Studios/Getty Images; **p80(b):** travelview/Shutterstock; **p80(c):** AGCreativeLab/iStock; **p80(d):** McLittle Stock/Shutterstock; **p80(e):** lechatnoir/iStock; **p80(f):** AnnGaysorn/Shutterstock; **p81:** Thomas Stockhausen/Shutterstock; **p82t:** JohnnyGreig/iStock; **p82b:** linzyslusher/iStock; **p83t:** AJR_photo/ Shutterstock; **p83l:** dpa/Alamy; **p83r:** Bjoern Deutschmann/Shutterstock; **p84:** PhotoLondonUK/Shutterstock; **p85(a):** Bokehboo Studios/Shutterstock; **p85(b):** FotoLot/Shutterstock; **p85(c):** EZ-Stock Studio/ Shutterstock; **p85(d):** 123RF; **p85(e):** Aeronautics/Shutterstock; **p85(f):** Sviatlana Lazarenka/iStock; **p86l:** SteffenWalter/Shutterstock; **p86r:** Merpics/Shutterstock; **p87l:** www.alpenmaedel.de; **p87r:** www.nohnee.com; **p90:** L Julia/Shutterstock; **p93:** Look Studio/ Shutterstock; **p97(a):** Sahara Prince/Shutterstock; **p97(b):** Monkey Business Images/Shutterstock; **p97(c):** Chayantorn Tongmorn/Shutterstock; **p97(d):** REDPIXEL.PL/Shutterstock; **p97(e):** mentatdgt/Shutterstock; **p97b:** Action Press/Shutterstock; **p98(a):** TeraVector/Shutterstock; **p98(b):** Rich Carey/Shutterstock; **p98(c):** withGod/Shutterstock; **p98(d):** Alex Kravtsov/Shutterstock; **p98(e):** Fer Gregory/Shutterstock; **p98(f):** wavebreakmedia/Shutterstock; **p99l:** OUP; **p99r:** Shutterstock; **p101:** Studio 72/Shutterstock; **p102:** Robert Kneschke/Shutterstock; **p103:** HBRH/ Shutterstock; **p104t:** primeimages/iStock; **p104m:** gabrijelagal/Shutterstock; **p104b:** pio3/Shutterstock; **p105:** ESB Basic/Shutterstock; **p108t:** frantic00/Shutterstock; **p108m:** EdnaM/iStock; **p108b:** Zurijeta/Shutterstock; **p109tl:** Marius Becker/dpa/Alamy Stock Photo; **p109tr:** Peter Bischoff/Getty Images; **p109m:** Henning Kaiser/dpa picture alliance/Alamy Stock Photo; **p109b:** Everett Collection Inc/Alamy Stock Photo; **p115:** Paapaya/Shutterstock; **p118(a):** tostphoto/iStock; **p118(b):** Patryk Kosmider, Shutterstock; **p118(c):** canadastock/Shutterstock; **p118(d):** Nellmac/iStock; **p118(e):** Werner Otto/Alamy Stock Photo; **p119l:** Jochen Tack/Alamy Stock Photo; **p118b:** Shutterstock; **p119r:** lindasky76/Shutterstock; **p120b:** carol.anne/Shutterstock; **p120t:** Tupungato/Shutterstock; **p122:** Plam Petrov/Shutterstock; **p125:** Agencja Fotograficzna Caro/Alamy Stock Photo; **p127:** hsvrs/iStock; **p128:** HelenField/Shutterstock; **p129:** Roger Richter/ Getty Images; **p130:** JackF/iStockphoto; **p131:** Oliver Wintzen/Alamy Stock Photo; **p132:** Christian Vinces/Shutterstock; **p133:** Monkey Business Images/Shutterstock; **p134:** Shutterstock; **p134(h):** maxstock/Alamy Stock Photo; **p134(i):** OUP; **p135:** MITO images GmbH/Alamy Stock Photo; **p136:** serezniy/123RF; **p137:** Jakovo/iStock.

All artwork by: Kamae Design, Liz Kay, Jordan Kincaid, QBS Learning, Matt Ward, Joe Wilkins.

Although we have made every effort to trace and contact all copyright holders before publication this has not been possible in all cases. If notified, the publisher will rectify any errors or omissions at the earliest opportunity.

Links to third party websites are provided by Oxford in good faith and for information only. Oxford disclaims any responsibility for the materials contained in any third party website referenced in this work.